차별과 혐오를 넘어서

일러두기

- 한글 전용을 원칙으로 하되, 필요한 경우 원어나 한자를 병기하였다.
- 한글 맞춤법은 '한글 맞춤법' 및 '표준어 규정'(1988), '표준어 모음'(1990)을 적용하였다.
- 외국의 인명, 지명 등은 국립국어원의 외래어 표기법을 따랐으며, 관례로 굳어진 경우는 예외를 두었다.
- 사용된 기호는 다음과 같다.

  영화, TV 프로그램, 신문 및 잡지 등 정기 간행물:〈 〉

  책(단행본):《 》

차별과 혐오를 넘어서

왜 문화다양성인가

김수아
박미선
이혜민
한건수
한희정
홍성수
지음

culture
book

차별과 혐오를 넘어서
왜 문화다양성인가

지은이 김수아 박미선 이혜민 한건수 한희정 홍성수
펴낸이 이리라

책임 편집 이여진
편집 하이픈
표지 디자인 엄혜리

2022년 11월 25일 1판 1쇄 펴냄
2024년 3월 25일 1판 2쇄 펴냄

펴낸곳 컬처룩
등록번호 제2011 – 000149호
주소 03993 서울시 마포구 동교로 27길 12 씨티빌딩 302호
전화 02.322.7019 | 팩스 070.8257.7019 | culturelook@daum.net
www.culturelook.net

ⓒ 2022 김수아 박미선 이혜민 한건수 한희정 홍성수

ISBN 979 – 11 – 92090 – 13 – 9 03330

* 이 책의 출판권은 저자와의 계약을 통해 컬처룩에 있습니다. 저작권법에 의해 보호를 받는 저작물이므로 어떤 형태나 어떤 방법으로도 무단 전재와 무단 복제를 금합니다.

culturelook

차례

김수아

서울대학교 언론정보학과/여성학협동과정 부교수로 미디어와 젠더, 디지털 문화, 혐오 표현 등의 주제를 연구하고 있다. 서울대학교 언론정보학과를 졸업하고, 같은 대학원에서 석사 및 박사 학위를 받았다. 책으로는 《안전하게 로그아웃》, 《모두를 위한 성평등 공부》(공저), 《게임콘텐츠와 젠더 재현》 등이 있다.

박미선

국토연구원 주거정책연구센터장으로 주거 정책, 주거 복지, 청년 주거, 1인 가구, 임대 주택, 국제 협력 등을 연구하고 있다. 홍익대학교 도시공학과를 졸업하고, 서울대학교 환경대학원에서 도시및지역계획학 석사, 미국 클리블랜드 주립대학교에서 도시 정책(주거 및 커뮤니티 개발 전공)으로 박사 학위를 받았다. 논문으로는 〈코로나19 팬데믹 이후 주거 위기 가구 진단 및 대응 전략〉, 〈초고령 사회 대응을 위한 주거 정책 분석 및 제언〉, 〈1인 가구 연령대별 주거 취약성 보완 방안〉, 〈한국 주거 불안 계급의 특징과 양상〉, 〈The Housing Challenge in Emerging Asia〉(공저) 등이 있다.

이혜민

미국 메릴랜드대학교 심리학과에서 박사후 연구원으로 일하고 있으며, 건강 격차, 건강의 사회적 결정 요인, 낙인과 차별, 성소수자 건강, 소수자 스트레스 등의 주제를 연구하고 있다. 고려대학교 보건행정학과를 졸업하고, 같은 대학원에서 석사 및 박사 학위를 받았다. 대학원 과정 동안 레인보우 커넥션 프로젝트의 연구원으로 활동하며 성소수자의 건강에 대해 연구해 왔다. 책으로는 《오롯한 당신 — 트랜스젠더, 차별과 건강》, 《무지개는 더 많은 빛깔을 원한다》, 《차별 없는 병원: 진료실을 바꿀 성소수자 의료 가이드》에 공저자로 참여하였다.

한건수

강원대학교 문화인류학과 교수로 민족 정체성, 국제 이주, 난민, 다문화 사회, 문화다양성, 세계 시민 교육, 아프리카 지역 연구 등의 주제를 연구하고 있다. 서울대학교 인류학과를 졸업하고, 미국 버클리대학교UC Berkeley에서 인류학으로 석사 및 박사 학위를 받았다. 책으로는《종족과 민족》(공저),《한국다문화주의의 성찰과 전망》(공저),《헤이트: 왜 혐오의 역사는 반복될까》(공저),《한국 세계시민교육이 나아갈 길을 묻다》(공저) 등이 있으며, 논문으로는〈농촌지역 결혼이민자 여성의 가족생활과 갈등 및 적응〉등이 있다.

한희정

국민대학교 교양대학 부교수로 문화연구, 미디어와 젠더를 연구하고 있다. 한국외국어대학교 영어학과를 졸업하고 서울대학교 언론정보학과에서 석사, 성균관대학교 신문방송학과에서 박사 학위를 받았다. TBS 교통방송 PD를 거쳐 국가인권위원회 공보담당관실에서 일했다. 책으로는《디지털 미디어와 페미니즘》(공저),《핵심 이슈로 보는 미디어와 젠더》(공저),《디지털미디어 소비와 젠더》(공저)가 있으며, 논문으로는 "TV 광고의 어린이·청소년 재현 문제와 대안적 사유"(2021), "들뢰즈와 가타리의 되기 개념과 문화콘텐츠의 여성주의적 비평의 토대"(2022) 등이 있다.

홍성수

숙명여자대학교 법학부 교수로 법사회학, 법철학, 인권법 및 인권이론, 혐오표현, 차별 등의 주제를 연구하고 있다. 고려대학교 법학과를 졸업하고, 같은 대학원에서 석사, 런던정경대학교에서 박사 학위를 받았다. 책으로는《법의 이유: 영화로 이해하는 시민의 교양》,《말이 칼이 될 때: 혐오표현은 무엇이고 왜 문제인가》,《헤이트: 왜 혐오의 역사는 반복될까》(공저) 등이 있으며, 옮긴 책으로《혐오표현, 자유는 어떻게 해악이 되는가》(공역) 등이 있다.

지금 왜 '문화다양성'인가

지금 사람들에게 문화다양성에 대해 어떻게 생각하는지를 물어본다면, 대부분은 문화다양성이란 이상적이고 바람직한 것이라 할 것 같습니다. 유네스코를 비롯한 국제 기구들과 지식인과 시민단체 모두가 문화다양성이 중요하다고 이야기하고 있습니다. 한국은 문화다양성 협약을 비준했으며 국회에서는 문화다양성 관련 법률까지 만들었습니다.

그런데 정말 우리는 문화다양성을 우리 삶 속에 받아들이고 있을까요? 머리로는 문화다양성이란 옳은 것이고 좋은 것이라 생각하는 것 같지만, 과연 우리의 가슴은 문화다양성을 받아들이고 있을까요?

문화다양성이라는 개념은 제국주의적 팽창과 식민지 수탈, 국민 국가의 건설과 국민 통합, 그리고 근대화와 경제 발전 노력의 과정에서 수많은 문화와 민족이 사라지거나 생존의 위협을 받는 상황에서 등장한 개념입니다. 산업화와 무분별한 개발로 인한 생태계의 파괴로 수많은 생물 종이 사라진 뒤에야 생물다양성에 대한 인식이 등장한 것과 마찬가지라고 할 수 있습니다. 서구에서도 민족주의와 국민 국가의 시대에는 통합과 단결이 강조되었으며 국론의 분열이나 사회적 갈등에 대한 두려움 때문에 차이와 다양성은 바람직한 것으로 여겨지지 않았습니다.

다양성에 대한 태도가 변화한 것은 세계사를 보더라도 그리 오래되지 않았습니다. 환경 변화 등 위기에 대응하고 적응하는 가운데 다양성이 중요하다는 인식이 확산되었습니다. 평화와 인권에 대한 이해가 변화하고 문화 산업과 창의성과 관용이 중시되면서 비로소 다양성이 단지 바람직한 것이 아니라 반드시 필요한 것이라는 인식이 확산되었던 것으로 보입니다.

그런데 한국 사회는 아직도 다양성을 가슴으로 받아들이는 데 상당한 어려움을 겪고 있습니다. 한국인은 나라를 빼앗기고 일제의 가혹한 식민 통치를 받았습니다. 일제 강점기는 매우 폭력적이고 억압적이었습니다. 이런 기억 때문인지 해방 후에는 '단일 민족'으로서의 동질성을 강조하거나 '뭉치면 살고 흩어지면 죽는다'는 생각으로 일치단결을 끊임없이 강조하느라 우리 역시 우리 내부의 차이를 인정하고 다른 의견이나 관점을 존중하기 어려웠던 듯합니다. 해방의 기쁨도 잠시, 분단과 6·25라는 끔찍한 경험을 했습니다. 비록 전쟁은 멈추었지만 그 이후에도 오랫동안 긴장과 위기와 불안 속에서 치열한 생존 경쟁에 몰두했으니 '다름'을 인정하고 다양성을 존중하기는 어려웠던 것 같습니다.

엄청난 사회적 갈등과 긴장을 경험하면서 이제 한국 사회는 '우리는 하나'라는 명목으로 차이를 억누르거나 일사불란하게 행동하는 것이 때때로 얼마나 큰 희생과 비용을 강요하는가를 깨닫기 시작하였습니다. 구성원 모두가 똑같이 생각하고 느끼고 행동해야만 질서가 유지되는 것도 아니고 국민 화합이 이루어지는 것이 아니라는 것도 알게 되었습니다.

문화다양성은 울창한 숲과 같아서 다양한 우리 사회의 구성원이 서로의 사회적, 문화적 배경과 지향을 존중하고 함께 자유롭게 공존할 때 충분히 꽃피울 수 있습니다. 반대로 자신이 생각하는 바나 사회적, 문화적 배경이 다르다고 해서 '다른 것'을 '틀린 것'이라 주장하며 나아가 혐오와 차별의 굴레라는 프레임을 씌워서 상대를 공격하고 혹독하게 배척한다면 문화다양성은 더 이상 우리 사회에 설 자리가 없으며 고사할 수밖에 없습니다.

문화다양성이 없는 삶은 평화롭지도 자유롭지도 않으

며 공정한 대우를 기대하기도 어렵습니다. 인류의 역사를 봐도 전체주의의 획일화와 거기에서 비롯된 갈등과 분쟁으로 얼룩진 시기에는 문화적 다양성은 존재하지 않았으며 그 피해는 고스란히 인류 모두가 떠안아야 했습니다. 인류와 역사라는 거창한 담론까지 갈 필요도 없이 우리 자신의 삶만 보더라도 그렇습니다. 자신의 문화적 배경 때문에 내가 사회적으로 차별을 받고 혐오의 대상이 된다면 어떤 기분일까요? 문화다양성이 일상에 스며든 삶은 개인의 행복과도 직결되는 것이라 할 수 있습니다.

유네스코는 2005년 문화적 표현의 다양성 보호와 증진에 관한 협약을 채택하였습니다. 문화의 다양성을 존중하고, 문화 상품과 서비스의 특수성을 인정하는 데에서 출발하여, 문화적 표현의 자유를 보장하고 공정하고 특정 문화에 치우치지 않은 문화 생태계를 구현하기 위한 국가 간 합의입니다.

우리나라는 2010년 문화다양성 협약의 110번째 비준국이 되었고, 4년 뒤인 2014년에는 개인의 문화적 삶의 질을 향상시키고 문화다양성에 기초한 사회 통합과 새로운 문화 창조에 이바지하는 것을 목적으로 '문화다양성의 보호와 증진에 관한 법률'을 제정, 공표하였습니다. 대한민국은 2017년부터 2021년까지 문화다양성 협약 정부간위원국에

진출하여 활동하였으며, 2021년 제14차 문화다양성 협약 정부간위원회에서는 의장국을 역임하기도 했습니다.

하지만 이러한 국가적 노력에도 불구하고 우리 사회로 눈을 돌리면 타인의 문화적 배경을 존중하는 문화다양성의 보호와 증진으로 가는 길은 혐오와 차별이라는 커다란 협곡에 의해 끊어지고 갈라져 있습니다. 코로나19 팬데믹은 사회적 거리 두기와 온라인 활동의 폭발적 증가를 낳았고 그 여파로 우리 사회의 혐오와 차별 행위는 더욱 심화되는 양상을 보이고 있습니다.

이 책은 우리 사회가 혐오와 차별이라는 협곡을 건너 문화다양성으로 나아가는 길로 연결하는 다리 역할을 할 것이라 믿어 의심치 않습니다. 이 책은 문화다양성 보호와 증진을 위한 생각할 거리와 통찰력 있는 내용들이 많이 담겨 있습니다. 주거 정책을 통한 사회적 혼합, 학교에서 일어나는 차별과 혐오, 민족의 위계적 구조와 조선족, 성소수자의 차별과 혐오, 온라인 공간과 여성 혐오, 혐오·차별과 문화다양성 등의 주제로 문화다양성으로 가는 이정표와 같은 글이 수록되어 있으니 꼭 읽어 보시길 바랍니다.

유네스코한국위원회 사무총장

한경구

'혐오'와 '차별'이란 무엇인가

홍성수

혐오와 차별이 퍼지는 속도

최근 10년 동안 한국 사회에서 가장 뜨겁게 논쟁이 되었던 키워드를 하나 고르자면 단연 '혐오'가 아닐까? 우선 학계를 살펴보니(학술연구정보서비스[RISS]에서 검색), 2000~2010년에 나온 논문의 제목에 혐오가 언급된 것은 75건이었는데, 2011~2021년에는 734건으로 10배 가까이 늘었다. 같은 기간 제목에 혐오가 들어간 단행본은 27권에서 226권으로 늘었다. 이는 언론의 경우도 마찬가지였다. 뉴스 검색 서비스(빅카인즈Big Kinds)에서 혐오로 검색되는 기사를 찾아봤더니 2000~2010년에는 1만 5,935건이었는데, 2011~2021년에는 7만 1,727건으로 늘었다. 매년 1,000~2,000건 정도 검색되던 기사가 2016년 이후부터는 6,000건 이상, 2021년에는 무려 1만 2,282건에 달했다.

2017년 8월 19일 미국 애틀랜타에서 열린 인종 차별 반대 집회다. 이보다 일주일 전 버지니아주 샬럿츠빌에서 일어난 백인우월주의자와 신나치 단체의 폭력 사태를 규탄하고 있다. 이 집회에서도 혐오를 반대한다고 쓴 피켓을 여럿 볼 수 있다. (사진: 〈연합뉴스〉)

혐오라는 말은 새롭게 만들어진 것이 아니다. 사전적 의미의 혐오는 어떤 대상을 싫어하고 미워한다는 뜻이며, 혐오 시설이나 혐오 식품 등으로 이미 널리 쓰여 왔다. 그런데 2010년대 들어 혐오가 사전적 의미와는 조금 다른 의미로도 사용되기 시작했다. 혐오 표현hate speech이나 혐오 범죄 hate crime와 같이 특정한 표현이나 범죄를 지칭하는 말로도 사용되었고, 동성애 혐오, 여성 혐오, 장애 혐오, 이주 혐오처럼 어떤 표적 집단target group에 대한 편견이나 부정적 생각을 표현하는 말로 사용되기도 했다.

영어에서 헤이트 스피치hate speech나 헤이트 크라임hate crime은 역사가 깊은 전문 용어다. 주요 영어 사전에도 이미 등재되어 있다. 옥스퍼드 온라인 사전을 찾아보면, 헤이트 스피치는 "인종, 종교, 성적 지향 등을 이유로 특정한 집단을 공격하거나 위협하는 말이나 글," 헤이트 크라임은 "종교나 인종이 다르다는 이유로 또는 동성애자라는 이유로 행해진 폭력적 행위"라고 정의되어 있다. 싫어한다는 일반적 의미의 헤이트에 스피치나 크라임이 붙으면서 특별한 의미를 갖게 된 것이다.

여기서 우리는 혐오 표현이나 혐오 범죄의 이유나 원인으로 인종, 종교, 성적 지향 등이 명시되어 있다는 점에 주목해야 한다. 혐오 표현은 단순히 누군가를 싫어하는 표현을 통칭하는 말이 아니며, 혐오 범죄는 그냥 누군가가 싫어서 행한 모든 범죄를 뜻하는 것이 아니다. "A가 그냥 싫어서"가 아니라, A의 인종적 특성이나 종교적 특성과 관련하여 혐오하는 감정이 표현되어야 혐오 표현이 될 수 있다. 범죄는 대개 누군가가 싫어서 행해지겠지만, 그 범죄의 동기가 인종이나 종교와 관련되어 있어야 혐오 범죄가 성립할 수 있다.

사전에 명시된 인종, 종교, 성적 지향 등은 예시적인 열거일 뿐이며 그 목록은 유연하게 확대될 수 있다. 〈혐오 표현에 관한 유엔 보고서〉(UN, 2019)에는 종교, 종족, 국적, 인종, 피부색, 혈통, 성 등을 나열했고, 한국의 국가인권위원회 〈혐오 표현 리포트〉(2019)에서는 성별, 장애, 종교, 나이, 출신 지역, 인종, 성적 지향 등이 명시되어 있다. 또한 혐오 표현의 이유는 그 목록에 한정되지 않으며, 사회의 발전과 맥락에 따라 유연하게 확대될 수 있다는 점을 강조하고 있다. 혐오 범죄에 관련해서도 미국 1990 혐오범죄통계법은 인종, 종교, 성적 지향, 민족 등을, 영국 경찰청은 인종, 종교, 성적 지향, 장애, 트랜스젠더 등을 제시하고 있다.

이러한 목록은 차별discrimination을 정의할 때도 사용된다. 일상적 의미의 차별은 그 이유를 불문하고 '다르게 대우한다'는 것을 뜻한다. 예를 들어, 어떤 음식점에서 손님 A에게 "당신에게는 음식을 팔지 않겠다"라고 했다고 하자. 이때 A는 자신이 차별당했다고 호소할 수 있을 것이다. 다른 손님들은 자유롭게 드나드는 음식점에 자신만 그 출입을 제한당했기 때문이다. 하지만 법으로 금지되는 차별은 그 부당한 대우의 이유가 성별, 인종, 종교 등일 것을 요구한다. 그러니까 "손님 A가 무슬림이라는 이유로," "손님 A가 여성이라는 이유로" 음식을 팔지 않겠다고 해야 차별이 되는 것이다.

한국 법령에서 차별에 대한 포괄적 정의는 국가인권위원회법에 명시되어 있다. 여기서는 "평등권 침해의 차별 행위"를 성별, 종교, 장애, 나이, 사회적 신분, 출신 지역, 출신 국가, 출신 민족, 용모 등 신체 조건, 기혼·미혼·별거·이혼·사별·재혼·사실혼 등 혼인 여부, 임신 또는 출산, 가족 형태 또는 가족 상황, 인종, 피부색, 사상 또는 정치적 의견, 형의 효력이 실효된 전과前科, 성적性的 지향, 학력, 병력病歷 등을 이유로 고용, 교육, 재화나 용역 등의 공급이나 이용과 관련하여 불리한 대우를 한 경우로 규정한다. 차별의 이유가 되는 사유 19가지를 나열한 것이다. 이러한 사유 목록을 '차별이 될 수 있는 이유나 근거,' '보호되는 속성,' '정체성 요소' 또는 간략히 '차별 금지 사유'라고 부른다(홍성수, 2021a).

혐오 표현, 혐오 범죄, 차별은 성별, 종교, 장애, 인종, 성적 지향 등의 차별 금지 사유를 이유로 해서 생기는 문제다.

말이나 글로 표현되거나 범죄를 행하거나 불이익을 주는 등 그 형태는 각기 다르지만 동일한 이유에서 생기는 문제라고 할 수 있다. 예컨대 인종적 혐오 표현이 만연한 곳에서는 인종 차별도 있기 마련이고 인종을 이유로 한 범죄도 발생한다. 인종 혐오 표현을 막아야 인종 차별이나 인종 혐오 범죄에 효과적으로 대응할 수 있다. 배경과 원인이 동일한 만큼, 그 대응도 유기적으로 결합이 되어야 한다. 여기서 '혐오'와 '차별'은 자연스럽게 연결된다. 한국에서는 언제부턴가 혐오와 차별을 결합해서 혐오·차별을 한 단어처럼 사용해 왔는데 매우 적절한 조합이었다. 2019년 국가인권위원회에서 '혐오차별대응특별추진위원회'를 결성한 것은 이를 공식화한 첫걸음이었다고 평가할 만하다.

지금까지 한 설명이 생소하다고 느꼈을 독자도 있을 것이다. 그도 그럴 것이, 혐오 표현이나 혐오 범죄라는 말이 한국 사회에서 본격적으로 쓰이게 된 것은 10년도 채 되지 않았다. 법이나 정책으로 공식화된 적도 없다. 여러 종류의 차별에 대한 포괄적 개념 정의는 2000년에 제정된 국가인권위원회법에서 처음 법제화된 것이니, 이제 겨우 20년이 넘었다. 어떤 용어가 한 사회에서 정착되기에는 턱없이 부족한 시간이었다. 하지만 여유를 부릴 때는 아니다. 혐오와 차별이 이슈화된 것은 얼마 되지 않았지만, 혐오와 차별이 확산되는 속도는 놀라울 정도로 빠르다. 산업화와 민주화의 속도 못지않게 혐오와 차별의 확산 속도 역시 고도성장(?)을 거듭하고 있다. 단일 민족 신화나 민족주의 이데올로기가 강한 한국의 문화적 배경이 혐오나 차별이 확산되기에 유리한 조건을 형성한다는 지적도 있다. 반면, 혐오와 차별에 대한 경각심을 갖고 맞서 싸운 시간은 그리 길지 않다. 오늘날 한국 사회는 그 어느 사회보다 혐오와 차별에 취약하다고 해도 과언이 아니다(홍성수, 2021b).

혐오·차별을 문화다양성으로

혐오·차별에 대한 대응책 마련이 한시가 급한 상황에서 혐오·차별 문제를 '문화다양성'과 연결시키는 것은 논의의 지평을 확대하는 데 큰 도움이 될 것이라고 본다. 이 책이 혐오·차별 문제를 '문화다양성'의 맥락에서 조망하고자 하는 이유다. 문화다양성이 세계적 의제가 된 것은 유네스코UNESCO(국제연합교육과학문화기구United Nations Educational, Scientific and Cultural Organization)의 공헌이다. 1945년 2차 세계 대전 후 세계 평화와 인류의 지속 가능한 발전에 기여하기 위해 설립된 유네스코가 문화다양성에 관심을 갖게 된 것은 의미심장한 일이다. 2차 세계 대전과 홀로코스트는 다양한 문화가 서로 공존하지 못하고 갈등하고 반목하며 극단적으로 충돌한 비극적인 사건이라고 할 수 있다. 세계 평화와 인류의 지속 가능한 발전이라는 유네스코의 사명은 결국, 이러한 인류의 대비극을 반복하지 않기 위해 다양성이 공존하는 세계를 만들고자 하는 것이다. 2001년 유네스코 총회에서 채택된 '세계 문화다양성 선언,' 2005년 유네스코 총회에서 제정된 '문화적 표현의 다양성 보호와 증진에 관한 협약,' 그리고 2014년 제정된 '문화다양성 보호와 증진에 관한 법률' 등에는 문화다양성을 "집단과 사회의 문화가 집단과 사회 간 그리고 집단과 사회 내에 전하여지는 다양한 방식으로 표현되는 것"(문화다양성 보호와 증진에 관한 법률 2조)이라고 정의하고 있다.

앞서 혐오와 차별을 성별, 장애, 종교, 인종, 성적 지향 등을 이유로 비난하거나 불이익을 주거나, 폭력을 행사하는 문제로 정의했다. 달리 말하면, 혐오와 차별은 문화다양성과 상극이다. 혐오와 차별이 곧 문화다양성을 파괴한다고 해도 과언이 아니다. 그동안 '세계 문화다양성 선언'에서 비롯된 수많은 실천은 주로 문화다양성을 보호·증진하기 위한 인식 제고, 문화 예술 활동, 정보 자료의 제작·보급, 문화 시설 조성, 교육·홍보, 인력 양성, 국제 교류 등이었다(문화다양성 보호와 증진에 관한 법률 6조 2항). 하지만 이에 못지 않게 문화다양성을 공격적으로 파괴하는 행위에 대한 적극적인 대

20

2005년 유네스코 총회. 이 총회에서 문화적 표현의 다양성 보호와 증진에 관한 협약이 제정되었다. (사진: 유네스코 한국위원회)

응도 중요한 과제로 대두되고 있다. 혐오·차별 문제는 주로 '일탈 행위'에 대한 법적 규제 방안을 마련하는 데 주력해 왔지만 근본적인 문제 해결을 위해서는 혐오·차별을 막기 위한 환경을 조성하는 것이 필요하다(홍성수, 2022; 2019; 2018).

거꾸로 문화다양성의 보호와 증진을 위해서는 혐오 표현, 차별, 혐오 범죄에 맞서서 대응하는 것이 절실하다. 예를 들어, 인종 혐오 표현이나 혐오 범죄가 늘고 있어 대응책을 마련할 때 흔히 떠올리는 것은 혐오표현금지법이나 혐오범죄가중처벌법을 통해 금지하고 처벌하는 방법이다. 그런데 혐오와 차별은 어떤 집단에 대한 편견에서 비롯된다. 근본적으로 이 문제를 해결하기 위해서는 서로의 문화적 차이를 이해하고 상대의 문화를 존중하는 인식이 확산되어야 할 것이다. 그동안 문화다양성 증진을 위한 정책 과제를 보면, 문화다양성 교육 강화, 문화다양성 이해 촉진을 위한 교류 확산, 소수 문화 보호를 위한 기반 확충, 소수 문화 관련 문화·예술 지원 육성 등이 제시되어 왔다. 이러한 것이 곧 혐오와 차별을 근본적으로 줄일 수 있는 방법이 된다. 문화다양성의 증진을 위한 모든 노력은 혐오와 차별 문제를 근본적으로 해결하려는 목표와 정확히 일치한다.

혐오·차별의 문제와 문화다양성 논의는 서로 다른 자리에서 각기 고유한 역사를 가지고 발전되어 왔다. 서로 같은 얘기를, 다른 방식으로 다른 자리에서 하고 있었던 셈이다. 이 둘이 만난다면, 각자 발전시켜 온 성과를 바탕으로 서로의 빈 곳을 채워 줄 수 있을 것이며, 논의의 지평도 한결 넓어질 수 있을 것으로 기대된다.

이 책에 실린 글들은 최근 한국 사회에서 쟁점이 되어 온 다양한 사례를 바탕으로 혐오·차별과 문화다양성을 연결시켜 보려는 목적을 가지고 있다. 1장은 학교 현장에서 벌어지는 혐오, 2장은 공공 임대 주택을 둘러싼 혐오와 차별, 3장은 조선족을 향한 혐오, 4장은 성소수자에게 가해지는 혐오, 5장은 온라인에서 일어나는 여성 혐오, 6장은 혐오와 문화다양성을 연결시키는 이론적, 정책적 의의를 살펴본다. 각 장의 내용을 앞서 말한 차별 금지 사유로 보자면, 사회적 신분(또는 경제적 상황), 학력, 장애, 출신 민족 또는 출신 국가, 성적 지향(또는 성별 정체성), 성별 등을 이유로 한 혐오·차별 문제를 논하고 있다. 각 장별 저자들의 학문적 배경이나 연구 방법은 상이하지만, 혐오와 차별을 막고 문화다양성을 증진하고자 하는 같은 목표를 지향하고 있다. 특히, 1장부터 5장까지는 구체적인 영역에서 혐오와 차별의 실태를 파악하는 것에 초점을 맞추고 있다. 실제 현장에서 벌어지고 있는 문제를 정확히 이해하는 것이야말로, 문화다양성의 증진을 위해서 무엇을 할 것인지, 혐오와 차별에 맞서기 위해 무엇이 필요한지를 논의하기 위한 출발점이 될 것이다.

이 책은 혐오와 차별의 문제 중 오늘날 우리 사회에서 심각한 문제로 지적되어 온 대표 사례를 다루고 있다. 그렇다고 우리 사회의 모든 혐오·차별의 문제를 다루고 있는 것은 아니다. 이들 사례를 통해 이 밖에도 우리 사회에 만연해 있는, 성별, 장애, 지역, 학력, 연령 등과 연관된 혐오와 차별 문제를 통찰해 볼 수 있다. 이 책을 계기로 더 깊고 넓은 논의가 혐오·차별과 문화다양성이라는 표제하에 논의되기를 바란다.

1

학교는 평등과 행복을
추구하는가

학교에서 일어나는 차별과 혐오

한희정

"

학교 폭력의 가해자를 놓고 폭력의 먹이 사슬을 따라 거슬러 올라가면, 그 아이가 정말 가해자인지 생각하게 한다. 폭력의 먹이 사슬에 얽히면 가해자, 피해자, 방관자가 따로 없다. 폭력을 일상적인 것으로 만드는 사회적·제도적·문화적 폭력이 그들을 옭아매고 있기 때문이다.

"

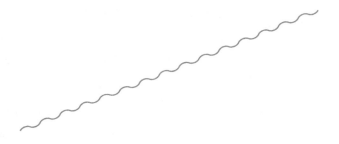

1. 행복의 조건을 알려주는 학교

"초·중·고교 때 다양한 친구들과 한 반에 40~50명씩 모여 종일 같이 생활하면서 서로를 알아가는 과정이 지금의 저로 성장하는 데 있어서 자양분이 됐다"(김민, 2022. 7. 7). 2022년 수학계 노벨상인 필즈상을 수상한 수학자 허준이 교수의 중·고등학교 시절에 대한 위의 언급은 매우 인상적이다. 그처럼 학교 공간을 추억한다면 더할 나위 없이 좋을 것이다. 그런 추억이 가능한 학교라면 물음표(호기심)와 느낌표(감동)로 가득한 시공간이 될 수 있을 것 같기 때문이다.

현재 학교는 학생 인권 조례의 보호를 받고 있어 교사의 폭력이 합법적 교육 행위로 인정되지 않는다. 그러나 여전히 청소년 집단은 보호받아야 하고 동시에 '정상' 프레임에서 벗어난 학생은 보호 가치가 없거나 비난받아 마땅하다고 규정된다(변예지, 2019). 학교는 보호와 가르침의 이름으로 사생활 침해가 빈번히 발생하거나 학생다움을 강요하는 폭력적 통제가 자행되는 공간이기도 했다. 학생도 교사도 '양아치, 날라리'가 혐오 표현이라고 생각하지 못했고 폭력이 차별과 혐오에서 비롯되었다는 점을 인지하지 못했다.

교육철학자 넬 나딩스Nel Noddings는 "행복이 교육의 목표여야 하며, 좋은 교육은 개인과 집단의 행복에 크게 기여해야 한다"(Noddings, 2003)고 했다. 서울시 교육청의 홈페이지에 소개된 "행복 교실," "행복한 학교," "행복을 추구하는 누리 과정," "행복 챌린지 프로젝트" 등 캐치프레이즈를 보아도 학교 교육은 행복을 추구하는 것임을 알 수 있다. '교육'의 동사형 educe에는 '잠재성을 이끌어내다'라는 뜻이 있다. 페미니스트 문화연구자 사라 아메드Sara Ahmed는 무구해 보이는 잠재성과 행복의 정서를 다시 돌아보게 한다. 즉 행복은 정서적 형태의 정향이며 교육이란 그런 정향을 잡아 주는 장치로서 잠재성에 방향을 주는 것, 올바른 방향을 키로 잡아 주는 것이라고 아메드는 말한다. 행복을 희망하는 것 자체가 우리를 특정한 길로 인도한다는 것이다. 이때 행복이란 인생에서 어떤 것을 선택하고 어떤 것은 선택하지 않음으로써 따라오는 것으로 간주한다. 사회에서는 물론, 학교에서도 행복을 약속받지 못하는, 자칫 차별과 혐오의 대상이 될 수 있는 사회적 소수자는 '정서적 이방인affective

행복이란 인생에서 어떤 것을 선택하고 어떤 것은 선택하지 않음으로써 사회적으로 보장된다. 사회에서는 물론, 학교에서도 행복을 약속받지 못하는 사회적 소수자들은 '정서적 이방인'이 되기 쉽다. (출처: https://gongu.copyright.or.kr/gongu/wrt/wrt/view.do?wrtSn=13004634&menuNo=200018)

aliens'이 되기 쉽다(Ahmed, 2010/2021).

프랑스 철학자 루이 알튀세르Louis Althusser에게도 학교는 우리의 몸을 '돌려세워' 주체를 형성하게 하는 공간이다. 그는 학교를 통해 기술과 지식을 배울 뿐만 아니라 관례의 '규범,' 즉 노동 분할에서 자신이 차지하게 '되어 있는' 직위에 따라 지켜야 하는 관습의 '규범'을 익히게 되며 이러한 주체 생성을 호명interpellation으로 설명한다. 호명은 경찰이 수상한 자를 불러세우는 관행처럼 일상적 실천으로 이루어지는 것이며 성인으로서 정치적 주체가 되기까지 언제나-이미 가족적·종교적·도덕적·학교적·법률적 따위의 주체가 되어 있는 주체들을 다시 주체로서 호명하게 되는 것이라고 설명한다(Althusser, 1995/2007). 학교란 이데올로기적 국가 기구 가운데 하나로, 학교 교육을 통해 마침내 사회가 원하는 시민으로 사회화된다. 따라서 학교는 사회와 닮을 수밖에 없다. 대부분의 학교가 학생들의 인권을 우선시한다고 하지만, 부지불식간에 '정서적 이방인'을 생산할 수 있다.

국내에서는 1995년 최초 학생 인권 운동이 시작된 후, 현재 학생에 대한 체벌이 전면 금지되었고, 두발 자유화, 화장이 허용되었다. 다양한 소수자 집단이 함께 교육받는 학교는 공공성을 기반으로 모두에게 열려 있고 행복과 평등을 추구하는 듯하다. 하지만 최근 학교 현장 사례 연구(이혜정 외, 2020)에 따르면, 학교는 여전히 차별과 혐오로 얼룩진 공간이다. 이 장은 학교 공간에서 차별과 혐오가 어떤 얼굴로 드러나는지 기록하고자 한다.

2. 편견을 강화하는 차별·혐오, 차별·혐오를 일으키는 편견

차별은 암묵적 편견을 강화하는 수단이 된다. 예를 들어, 편견이 없다고 주장하는 사람일지라도 누구나 인종에 대해 특정한 생각을 한다. 일상에서 얻게 되는 고정 관념이 개개인의 생각에 영향을 미치기 때문이다. 그러한 생각이 우리의 인식, 집중, 기억, 행동 등을 왜곡시킨다. 미국 사회에 가장 뿌리 깊은 인종주의racism는 흑인을 범죄와 결부시켜 버린다. 고정 관념의 결합은 아주 강력해서 우리는 흑인의 얼굴을 보기만 해도, 무의식중에 권총을 함께 떠올리거나 혹은 (갖고 있지도 않을) 권총을 그가 갖고 있다고 상상한다. 이러한 편견은 흑인을 보는 관점에 작용한다. 암묵적 편견은 유치원생을 혼내는 일에서 기업의 리더십에 이르기까지, 삶의 모든 영역에서 인종주의를 유도한다(Eberhardt, 2020/2021: 17). 인종뿐만 아니라 우리는 피부색, 나이, 체중, 억양, 장애, 성별 등 개인적 특성에 대해 편견을 갖는다. 극단적 편견으로 왜곡된 렌즈를 통해 대상을 바라볼 때 혐오 감정이 생긴다.

혐오는 점점 더 복잡하게 문화 속으로 스며든다. 종국에 사회적 혐오의 투사 대상은 취약 집단이 된다. 투사적 혐오projective disgust란 '그들이 냄새나고 짐승 같다'고 말하면서 혐오스러운 특성을 타인에게 부여하는 것을 말한다. 혐오하고 복종시킬 대상 집단은 인종적 하위 집단으로 피부색이나 겉모습에 의해 규정된다. 예를 들어, 유대인과 무슬림은 종교나 민족에 대한 편견으로, 성적 지향sexual orientation은 성소수자에 대한 편견으로 혐오의 목표 대상이 된다. 혐오 대상이 정해지면 적대감을 불러일으키기 위해 혐오의 수사법을 사용한다(Nusbaum, 2018/2020: 133~150). 일반적으로 혐오 표현은 타인의 '인종, 민족, 국적, 성별 등의 속성을 이유로 하는 차별적 표현'이다. 즉 단순히 어떤 대상을 향한 일반적인 불쾌감이나 적대감을 의미하는 것이 아니라 인종, 성별, 성적 지향, 장애 등의 '차별적 사유'를 지닌 집단이나 구성원에 대해 부정적인 생각을 표출하는 것을 의미한다(홍성수, 2019). 이상과 같이 편견, 차별, 혐오는 마치 한 몸처럼 얽혀 있으며, 인권 감수성에 따라 어떤 사람은 작은 편견이나 먼지 차별micro aggression도 혐오, 곧 폭력으로 받아들일 수 있다.

차별과 혐오의 확산은 사회 맥락과 밀접하다. 2016년 강남역 살인 사건 이후, '여성 혐오'가 사회적으로 회자되면서 학교에서도 혐오에 대한 관심이 커졌다. 특히 학생들이 유튜브 등 소셜 미디어의 혐오 표현에 노출되면서 학교에서 혐오 표현의 사용 빈도도 높아졌다. 국가인권위원회의 〈혐오 표현 예방·대응 가이드라인 마련 실태 조사〉에 따르면 초·중·고 등학교의 혐오 표현은 차별을 선동하는 직접적 방식보다 주로 부정적 고정 관념을 표출하거나 멸시, 모욕하는 형태가 주를 이룬다(이은진, 2019). 다음은 학교에서 일어나는 차별과 혐오를 알아보기 위해 2021년 초·중·고 교사와 중학생 등

표 1 인터뷰 참여 대상자

인터뷰 대상자	경력 및 특이 사항	인터뷰 대상자	경력 및 특이 사항
A	남자고등학교 교사(30년, 여)	G	초등학교 위클래스 상담 교사 (3년, 여)
B	남녀공학중학교 교사(10년, 여)	H	초등학교 교사(10년, 여)
C	남녀공학중학교 교사(12년, 여)	I	서울시 글로벌센터 직원(5년, 중국 동포, 여)
D	중학교 교사(10년, 기간제, 여)	J	서울시 D교 중2(모친 베트남인, 남)
E	남녀공학중학교 위클래스 상담 교사(2년, 여)	K	서울시 D교 중2(남)
F	여자중학교 위클래스 상담 교사(4년, 여)		

• 2021년 7~8월에 걸쳐 서울 및 경기도 지역의 초·중·고 교사, 중학교 학생 등을 대면 또는 전화로 인터뷰했다.

을 인터뷰한 내용을 토대로 살펴본다(표 1 참조).●

난무하는 성차별적 언어

여성 혐오의 원색적 표현은 중학생이 가장 많이 사용하는 것으로 보인다. 이들은 일상에서 여성 비하적인 욕을 자주 사용한다. 남자중학교에 다니는 학생들임에도 '놈'보다는 '년'이라는 욕설을 더 많이 쓰고 있다. 그러한 이유로 이들은 여성 비하 욕설('씨발년')이 "더 입에 잘 감겨서," "뭔가 발음이 더 찰져서," "욕설의 대상이 남학생일 때 고추를 달 자격이 없어서" 등을 들었다. 대부분 욕이 남성보다 여성을 비하하는 경우가 많은 것은 비하와 혐오의 의미를 좀 더 '세게' 표현하고 싶고 더 심한 모욕감을 주기 때문이다(이혜정 외, 2020). 상대를 기분 나쁘게 하기 위해 "느금마(너희 엄마)," "느그 어매" 같은 '패드립(부모나 조상과 같은 윗사람을 욕하거나 개그 소재로 삼아 놀릴 때 쓰는 말)'도 쓴다.

중학교 교실에서 남학생들은 여학생들 앞에서 이른바 '색드립'이나 성희롱적 행위(성행위 흉내)를 '장난스럽게' 하는 경우가 있다. 이러한 그들의 언행은 성인들에게 "질풍노도

● 또한 2021년 두 학기에 걸쳐 대학생들을 대상으로 초·중·고 학창 시절 동안의 차별, 혐오에 대한 경험담에 대해 자기 기술지를 받아 분석했다.

시기에 성장통," "개구진 아이들의 한창때 장난"쯤으로 치부되기도 한다.

현재 학교의 성교육 및 성매매 방지 교육은 1년에 최대 10시간 정도 진행된다. 이미 상당수 아이들이 왜곡된 성 관념을 심어 줄 수 있는 포르노에 노출되어 있는 데 반해 성교육은 형식적으로 이루어져 현실적이지 않다.

사이버상의 그루밍grooming으로 인한 성폭력은 코로나 19 기간 동안, 중학생에서 초등학생으로 그 대상이 넓어졌다. 온라인 '그루밍'은 가해자가 SNS 등으로 접근한 후 성적인 가해 행위를 하는 성범죄다. 가해자는 처음에는 아부도 하고 선물이나 돈, 일거리를 제공하기도 한다. 시간을 투자하기 때문에 가꾸고 준비한다는 의미의 '그루밍'이라는 단어를 쓴다. 온라인에서 공감을 받고 싶어하는 외로운 아이들이 쉽게 표적이 되는데, 이들을 오프라인에서 만나기 위해 가해자는 대상을 꾀고 조정하게 된다(한희정, 2015). 그루밍은 N번방 같은 성착취 범죄에도 활용된다.

어린이들이 자신의 얘기를 들어줄 사람이 없는 경우가 많이 있잖아요. 집에서 케어를 받지 못하기도 하고 외로운데 혹은 스트레스를 받는데 이 얘기를 들어줄 사람이 없으면 보통 랜덤 채팅이나 1인 방송 어플 같은 걸로 찾아가거든요. 내 말에 귀 기울여 들어주는 사람이 있는 거죠. 아이가 학교를 안 와서 연락해 보니 채팅하는 오빠를 만나러 경기도 남부로 간 거예요. 그 오빠가 그동안 여러 번 이 동네로 찾아와줘서 한 번 간 거였고. 이런 것이 그루밍 과정이거든요. 우리는 사귀는 거 아니고 그냥 '우결'처럼 약간 방송처럼 찍는 거야. 이런 식으로 길들여지고 있는 어린이들이 되게 많아요. (초등학교 교사 H)

교사가 아이들의 휴대폰을 들여다볼 수도 없고 일상을 공유하는 것도 아니어서, 이러한 사이버 성범죄로부터 아이들을 보호하는 데 한계가 있다. 아이는 도움이 필요해도 자신이 제일 믿고 좋아하는 사람들에게는 가해자가 이야기하지 못하게 하기 때문에 문제가 커지게 된다. 초등학교부터 사이버 성폭력 교육이 이루어져야 하지만, 어린이의 호기심을 자극한다는 우려 때문에 학교 측은 적극적으로 나서지 않는다.

랜덤 채팅 앱은 가입 절차만 좀 복잡하게 해도 청소년들이 가입하기 어렵게 만들 수 있거든요. 불법적으로 운영하게 되는 사례를 적발해서 처벌을 한다든지 사실 할 수 있는 건 많은 데 3,000만 원 정도 들여서 앱을 만들기만 하면 돈을 계속 벌 수 있고 제재는 받지 않으니까요. (초등학교 교사 H)

과거와 달리 학교 폭력은 소셜 미디어에서 이루어지는 사이버 성폭력까지 복합적으로 일어나고 있다. (사진: melyna valle)

〈시사인〉이 2020년 2학기(2020. 9~2021. 2) 서울시 11개 교육지원청(동부·서부·남부·북부·중부·강동송파·강서양천·강남서초·동작관악·성동광진·성북강북)에서 심의한 학교 폭력 사건을 전수 확보해 분석한 바에 의하면, 성을 기반으로 하는 폭력 형태가 복합적임을 알 수 있다. 10대가 주로 사용하는 페이스북, 인스타그램, 유튜브, 카카오톡, 애스크드asked, 디스코드discord 등 다양한 소셜 미디어에서 이뤄지는 성희롱과 사진 합성 등은 온라인과 오프라인에서 뒤섞여 발생하는 사이버 성폭력이다.

서울시 여성가족정책실에서 2021년 5월 27일 발표한 자료에 따르면, 디지털 성범죄 가해 청소년 10명 중 9명은 "(그 행위를) 범죄로 생각하지 않는다"라고 대답했다. 디지털 성범죄로 학교폭력대책자치위원회(학폭위)에서 징계 명령을 받거나 교사·학부모가 의뢰해 상담을 받은 학생은 91명이다. 그들은 "큰일이라고 생각하지 못했다(21%), 재미 혹은 장난(19%), 호기심(19%), 충동적으로(16%) 했다"라고 답했다.

2015년 이후 교육부의 성교육 지침 개정 논의는 아직도 제대로 이루어지지 못하고 있다. 2021년 9월, 전교조는 "교육부는 교육 과정에 포괄적 성교육을 명시하고, 학교 구성원을 대상으로 한 성 인지 교육을 양적, 질적으로 대폭 강화해야 한다"라고 주장했다.

뿌리 깊은 외모 차별

외모에 대한 차별과 편견은 가치관의 문제임에도 불구하고 초등학교 때부터 시작된다. 부모가 외모로 자녀를 비교, 평가하는 경우가 많아서 외모 차별도 대부분의 차별처럼 가정에서 비롯된다.

과거와 달리 중학교 여학생들의 경우 외모에 대한 생각이 많이 바뀌고 있다. 이들은 "자신의 몸을 사랑하자," "바비인형 이미지를 벗어나자"라는 주장을 하기도 한다. 겉보기에 이들은 자신의 외모에 대한 스트레스를 훨씬 덜 받는 것 같다. 그러나 여학생에 대한 남학생의 차별적 시선은 달라진 게 없거나 더 심해졌다고 교사들은 생각한다.

남자중학생들이 여자아이들을 바라보는 시각은 훨씬 더해진 것도 같아요. SNS, 유튜브 때문에 왜곡된 바비인형 이미지에 더 일찍부터 노출되기 때문에 남학생들은 더 심해지지 않았을까 싶어요. (중학교 교사 C)

여학생들은 초등학교 고학년부터 화장을 하기 시작한다. 화장이 금지된 시기에 학생들은 매우 진한 화장을 고집하는 경향이 있었다. 화장이 자율화된 지금은 학생도 교사도 화장 그 자체에 서로 신경을 쓰지 않다 보니 진한 화장을 하는 분위기는 사라졌다. 교사는 더 이상 학생의 외모를 규율 대상으로 삼지 않고 크게 간섭하지 않는다. 반면 학생은 몸매 등 외모에 대해 상당히 신경을 쓰며 상대적으로 자신이 정한 미적 기준에 미치지 못한 학우를 조롱하기도 한다.

> 젊고 예쁜 여자 선생님, 젊고 멋있는 남자 선생님, 초등학교나 스포츠 강사 선생님이 인기죠. 교내에 있는 선생님들도 젊은 선생님이라면 아이들이 더 집중도도 높고 출석률도 높고 훨씬 더 빨리 친해지고. (초등학교 상담 교사 G)

이렇듯 학생들의 외모 차별은 기준에 벗어나는 교사를 조롱의 뜻이 담긴 별명으로 부르게 만드는 동시에, 젊은 교사를 선호하는 나이 차별과 연관된다. 외모 차별은 '정상' 범주에 벗어난 장애 학생에 대한 차별을 비롯해 명품 파카나 가방, 신발에 대한 관심과 더해져 계층 차별로 이어지기도 한다.

괜찮아 보여도 괜찮지 않은 이주민 학생

이주배경청소년지원재단이 발표한 2019년 통계에 의하면(행정안전부, 2019), 부 또는 모의 국적별 자녀 현황은 베트남(33.4%), 중국(18.8%), 조선족(15.5%) 순이다. 매년 이주 배경 청소년이 5~7% 이상 늘어나고 있다. 한국 국적의 학령 인구가 빠르게 감소하는 대신, 다문화 자녀는 2020년 크게 늘어 전국 초등학교에 14만 7,000여 명의 다양한 국적의 학생이 다니고 있다. 다문화 가정이 워낙 많아서 농어촌이 아닌 도심권에서도 다문화 아이들을 어렵지 않게 만날 수 있다.

다문화라는 단어가 너무 무거워요. 선생님이 저한테 너는 다문화 학생이니까…… 이런 말을 하면, 머릿속에 물을 30밀리 정도 붓는 느낌이에요. 저는 아이들과는 아무 문제가 없거든요. 다른 학교에 다문화 차별이 있다고는 들었는데, 인터넷 영향이 큰 거 같아요. 저희는 초등학교 때부터 같이 친구로 놀다가 중학교에 오고, 이미 친구니까 별로 신경을 안 써요. (중학생 J)

인종이나 부모님의 국적 가지고 차별 안 해요. 아버지가 브라질 사람인데 거의 흑인에 가까운 형도 있어요. 축구 하러 한국 왔다고 하던데 그 형도 너무 좋아해요. 중3 형들이 착하고 잘해 줘요. 아, 엄마가 중국인이었던 한 친구는 그 친구가 다문화여서가 아니고, 아이 자체가 이상한 짓을 해서 좀 놀림을 당했어요. 자기가 말을 하지 않는 이상 잘 몰라요. 관심도 없어요. (중학생 K)

이렇듯 다문화 학생이라고 느끼지 못할 정도로 학교생활에 어려움이 없는 경우도 많다. 하지만 학교에서는 아무런 문제 없이 활발하게 잘 지내던 다문화 학생이 에스크드 앱에서 직접적으로 학교 친구로 추정되는 인물에 의해 혐오 공격을 받아서 학교 측에서 사이버수사대에 신고를 한 경우도 있다(여자중학교 상담 교사 F). 특히 중국 국적의 학생은 사소한 다툼에도 "짱꼴라는 가라" 등 혐오 발언을 듣기 쉽다.

초등학생이라서인지 좀 더 직접적이에요. 너네 엄마 중국인 이잖아. 그러면 욱하고 참지 못해서 손이 먼저 나간다든지, 욕을 한다든지…… (초등학교 상담 교사 G)

서울시 글로벌센터에 따르면, 중국 동포 자녀 중도 입국 청소년은 대략 7,000여 명이다. 중국인 국적의 이주 배경 학생은 학교에서 혐오의 말을 자주 듣게 될 가능성이 크다. 중국 동포가 많이 사는 대림동에 위치한 초·중등학교는 70~80%가량이 중국 동포 자녀가 다니고 있다. 하지만 이들 중국 동포 학부모가 학교운영위원을 희망해도, 조직적으로 배제되어 이들은 학교운영위원이 되기 어렵다. 학교운영위원회는 학부모 위원과 지역 위원, 그리고 교직원 위원으로 구성된다. 운영위원이 대단한 권력 집단은 아닐지라도 학교 운영에 관한 중요 사안을 결정하므로 특정한 집단의 학부모를 배제하는 것은 문제가 크다.

특히 한국어가 익숙하지 않은 중도 입국 중국 동포 학생이 전학 오면, 아이들이 중국어를 배울 수 있겠다고 긍정적으로 여기는 한국인 학부모도 있지만, 대부분은 질겁을 한다. 이런 학부모의 영향으로 아이들도 "짱깨," "너네 나라로 가라," "중국말밖에 모르는 바보," "양고기 냄새난다," "씻지 않아 더럽다" 등 혐오의 말을 당사자 앞에서 하게 된다. 이런 분위기는 중도 입국 청소년이 교우 관계에 문제가 생기거나 학교 폭력에 연루되어 분쟁이 생겼을 때 학교 당국이 중국 동포 부모의 입장을 충분히 고려하지 못하게 만들 수 있다.

중국 동포 부모들이 학교에 찾아가면 "아~ 그렇죠. 당연히 그래야죠. 아~ 알겠습니다. 주의할게요." 이렇게 말하지만 변하는 게 하나도 없다는 거예요. 평상시는 괜찮다가 일단 일 터지면 바로 쫙 갈라져요. 이것은 한국인 학부모가 너무 심하다고 얘기해 준 것인데 심지어 중국인 애들이 너무 많다고 배정을 좀 줄이라고 항의한대요. 애들한테는 나쁜 영향을 끼친다고 놀지 말라고 하고. 겉으로는 괜찮아 보여도 괜찮지 않아요. (글로벌센터 직원 I)

이는 한국 사회의 중국 혐오나 조선족(중국 동포) 혐오와 무관하지 않다. 사회적으로 부모들의 혐오 정서가 그대로 아이들에게 가는 것이다.

실제 아이들이 학교에서 겪는 어려움은 언어다. 중도 입국한 청소년은 한족 학교를 다니다가 한국에 들어오기 때문에 한국어를 아예 못 따라가는 경우도 많다. 코로나19로 비대면 수업이 진행되는 동안 언어에 어려움을 겪는 이들은 다른 학생들과 학력 차가 더욱 벌어질 수도 있다. 무엇보다 코로나19 기간 동안 비자가 만료된 한 부모 자녀들은 더욱 어려움에 처해 있다.

H2 비자는 3년에 한 번씩 갱신해야 하는데 경제적으로 어렵고, 중국 들어가면 28일씩 자비로 격리를 해야 하는데 어렵지요. 한 부모인 경우는 아이를 맡길 곳도 없고, 아이들이 청소년이라도 부모가 비자 문제로 중국에 가게 되면 그사이 사고가 나기 쉽고, 가지 못하니까 비자 만료일을 기준으로 건강보험이 다 끊어지고 먹고살기 위해 일을 하면 벌금이 또 몇백이 나와요. 건강보험도 안 되고 빚더미에 앉게 되는 거죠. 저희 센터에는 일주일에 한두 명은 학교 가기를 거부하는 동포 청소년 자녀들이 와요. (글로벌센터 직원 I)

한편, 미등록 이주민은 인터넷을 통해 코로나 백신 예약을 할 수 없다. 시스템상으로 '유령' 같은 존재이므로 서비스 기간 내에 백신 예약 등록 서비스를 해 주는 보건소로 직접 찾아가야 한다. 영등포보건소의 경우, 하루 평균 미등록 이주민 150여 명이 찾아온다. 원래 2021년 9월 17일까지 예정이었지만, 백신 주사의 수요가 많아서 10월 말까지 연장되었다. 미등록 외국인 노동자들의 백신 기피 현상이 있다는 뉴스(하수영, 2021. 9. 22)도 있지만, 실제 보건소 현장에서는 백신을 맞으려는 미등록 이주민 행렬이 이어졌다. 코로나19와 같이 불가피한 사정으로 미등록자가 된 이주민 부모에 대해 유예 기간을 부여하는 등 실질적 도움이 필요하다.

교사는 부지불식간에 다문화 학생에 대한 편견이 있다. 즉 영어권 국가에서 오래 살다 온 학생들은 한국어 구사 능력이 부족해도 영어가 유창한 점을 칭찬하는 반면 다문화 가정 학생은 당연히 한국어가 어눌하다는 인식을 갖고 있다. 이는 한국인에게 내재해 있는 경제적 여건에 따른 인종주의를 가리키는 'GDP 인종주의'라고 할 수 있다. '다문화'로 지칭되는 외국인 부모 자녀 대부분은 한국에서 태어나 성장한 '한국인'이다. "너는 어디서 왔니?"라고 묻는 것은 차별 발언이 될 수 있다. 학교에서 도움을 주려는 선한 의도라고 하더라도 '다문화'로 지칭해서 구별할 필요가 없는 아이들도 있다. 이는 교사들이 인권 감수성을 갖고 좀 더 세심하게 지도해야 할 부분이다.

능력주의, 차별에 합당한 기준?

능력 차별은 학교에서 발생하는 가장 보편적인 차별이다. 기본적으로는 학업 능력이 특출한 학생을 선호하고, 학력이 뒤처지는 학생을 무시하는 차별적 시선이다. 그러나 성적은 좋지만 이기적인 학생은 오히려 친구들에게 따돌림을 당하기도 한다.

> 능력 차이…… 있죠. 공부 잘하는 아이에 대한 우대와 공부를 잘 못하는 아이에 대한 차별 있죠. 공부 잘하는 아이를 우대하는데, 또 한편으로는 이용해요. 공부를 잘하지만 무시당하는 아이도 있어요. 그건 아이들 성향 차이인데…… 잘 베풀 수 있느냐의 차이예요. (남녀공학중학교 교사 B)

중학교에서는 성적과 재능의 차이로 줄 세우기가 시작된다. 자유학년제인 1학년은 시험을 보지 않지만, 수행 평가에서 학생 역량이 차이가 난다. 수행 평가는 '세특(교과 세부 능력 및 특기사항)'으로 생활기록부에 남는다. 1학년 때는 모둠 활동을 하더라도 성적에 반영되지 않는다. 그러나 2학년부터 수행 평가가 점수에 반영된다. 그러다 보니 학생마다 문제 해결 능력, 지문 이해 능력, 창의력 등에서 역량이 드러난다. 교사도 학생도 능력 있는 학생을 선호하기도 한다. 능력의 차이가 차별이 되는 것이다. 이러한 능력 차별은 중학교를 거쳐 고등학교에 이르면 '능력에 따른 차별적 대우는 공정한 것'으로 당연시된다.

지금 가르치는 중3 아이들, 중1 때 가르쳤던 아이들이거든요. 중1 때 모두 눈빛이 반짝거렸거든요? 무기력한 몇몇 아이들 빼고는…… 그때는 이 아이들, 정말 잘하겠구나. 정말 기대가 된다 했는데. 아이들은 점점 낙오가 되더라구요. 친한 친구들과 묶어 놔도 잘 못해요. 반복되다 보니 자신감이 떨어지고…… 또 능력이 안 되면 친구라 해도 같이하기 싫어해요. 성적에 피해를 보니까요. 점점 요구하는 능력치들이 높아지잖아요. (남녀공학중학교 교사 B)

고등학교에 오면 공부 잘하는 애들 위주로 학기 초부터 관리가 들어가요. 생활기록부를 세심하게 써주죠. 학교 평가가 나중에 개들이 '스카이'를 얼마나 가는가, 얼마나 대학을 많이 보냈느냐로 평가되니까. 미리 생활기록부를 보여 주면서 뭐가 부족하니까 뭐 좀 더 해오라고 요구하기도 하죠. (남자고등

학교 교사 A)

능력주의 담론은 대학 입시와 맞물려(공현, 2018) 작동되며, 이는 중·고등학교에서 확인할 수 있다. 이른바 '좋은' 대학에 들어갈 가능성이 큰 학생에 대한 학교나 교사의 배려를 당연하게 받아들이고 성적이 상대적으로 뒤떨어지는 학생들에 대한 무관심이 전반적으로 용인된다. 학력에 의한 차별이 '합리적' 차별로 자연스럽게 인식 변화가 일어난다.

능력주의meritocracy 이념, 제도, 문화는 한국뿐 아니라 정도의 차이는 있지만 근대 자본주의 사회라면 예외 없이 나타난다. 1789년 프랑스 혁명의 결과로 탄생한 인간과 시민의 권리 선언 제6조에서도 '덕성과 재능에 의한 차별'을 당연시하고 있다. 자본주의 등장 이전에도 능력주의 현상은 존재했으며 자본주의 이후에는 능력주의가 '하나의 공식적인 덕목으로서 천명되었다'는 점이다.

대한민국 헌법 제31조 1항은 "모든 국민은 능력에 따라 균등하게 교육을 받을 권리를 가진다"라고 명시되어 있다. 이 조항을 보면 능력주의가 교육과 관련해 한국 사회를 규율하는 핵심 가치임을 알 수 있다(박권일, 2021). 2021년 차별 금지 법안에 대해 교육부는 "학력은 개인의 선택과 노력에 의한 결과이므로, 학력에 의한 차별은 합리적이니, 차별 금지

능력주의는 대학 입시와 맞물려 작동한다. 대학수학능력시험을 위해 자습하고 있는 서울의 고3 수험생들. (사진: 〈연합뉴스〉, 2022. 10. 18)

사유에서 '학력'은 제외해야 한다"라는 의견서를 제출했다가 한 달 뒤, "학력을 따져야 하는 예외 사유를 둬야 한다"라는 보완 의견으로 후퇴하기도 했다(남궁민, 2021. 7. 14). 이러한 해프닝은 학력·학벌 차별이 한국 사회의 대표적 차별 사례임(국가인권위원회의 조사에서 학력·학벌 차별이 차별 경험 중 8.7%를 차지함)에도 불구하고 교육부는 학력을 차별로 인식하지 못하고 당연시하고 있음을 방증한 것이다.

> 대학을 얼마나 보냈냐 이런 것으로 학교가 평가되니까, 공부를 꽤 하는 애들을 미리 불러 생활기록부를 보여 주면서 부족한 부분은 좀 해오라고 주문하고. 먹고살기 힘든 집 애들, 순하고 착하고 성적도 어중간하고 이런 애들은 부모도 못 챙기고 어떻게 보면 학교에서 제일 소외당하는 것 같아요. 눈에 안 띄니까. 케어가 안 돼요. 오히려 얌전하고 자기주장 못하고 이 아이들이 입시 교육 위주의 학교 교육에서 차별받는 거 같아요. 아주 조용한 한 친구가 생각나는데 지방 전문대가는 것, 성심성의껏 상담해 준 거밖에 없었는데, 선생님이 신경 써 준 게 난생처음이라고 감사하다고 졸업하면서 그러더라고요. 오래도록 기억에 남아요. (남자고등학교 교사 A)

공부를 잘해 좋은 대학에 갈 가능성이 있는 학생이나,

말썽을 피우는 학생은 관심의 대상이 되지만, 성적이 좋지 않고, 내성적인 학생은 입시 성과주의에 따라 운용되는 학교에서 상대적으로 배제된다. 우리 사회의 가치 시스템은 외향성을 이상적 성격으로 추구한다. 사람들과 잘 어울려야 하고 자의식이 넘쳐야 하고 매사에 개방적이어야 한다. 그래야 삶을 열정적으로 살 수 있다고 생각한다. 즉석에서 아이디어나 의견을 내지 못하는 조용한 아이들, 능력이 있지만 두각을 나타내지 못하는 아이들은 불이익을 당한다. 이들은 학교 시스템에서 좋은 평가를 받지 못한다. 조용히 있기를 좋아하는 청소년들에게는 '외톨이,' '괴짜,' '아웃사이더,' '너드nerd,' '문제아'처럼 비하의 뜻이 담긴 별명이 따라붙는다(Wiesböck, 2018/2020). 입시 체제로 굳어진 교육 관료제 아래 학교는 세심한 생활기록부와 좋은 내신 성적이 필요한 소수의 학생과 학부모들에게 최적화된 제도다.

일반적 국민 인식이나 정책적·이론적 접근에서 학력주의·학벌주의와 능력주의는 서로 충돌하는 가치로 본다. 즉 학력이나 능력은 같거나 유사하게 인식되지만, '학력주의'와 '능력주의'는 모순되거나 상반된 것으로 학벌주의는 차별이지만 능력주의는 합당한 기준인 듯 제시한다(박권일, 2021). 학력주의에 대한 여러 의식 조사에서 한국인은 "우리 사회에 출신 학교에 따른 차별이 존재하며 이 문제가 아주 심각하다"라고 생각하면서도 또 한편으로 "학력, 학벌을 인간 능력의 구현체라고 믿는다"(박권일, 2022. 5. 19). 이 모순적 인식은 학벌과 능력의 상관관계가 특수함을 시사한다. 학업 성취는 능력, 즉 재능과 노력의 산물로 여겨지며 학교는 능력주의를 생산하는 공장이 된다(박권일, 2021). 이러한 능력주의는 교사에게는 나이 차별을 유발한다. 62세까지 정년을 지키지 못하게 하는 민감한 분위기를 작동시킨다. 사회적으로 존재하는 나이 차별(비능력적인 특징인 나이가 많으면 능력이 떨어진다는 편견에 의한 차별)에 의해 능력을 의심받는다.

학력주의credentialism는 개인의 실력이나 능력, 노력보다는 형식적인 학력을 과도하게 중시하는 제도나 관행을 말한다. 학력주의에는 수직적 학력주의와 수평적 학력주의가 있는데, 수직적 학력주의는 학교의 단계에 따라 종졸보다 고졸, 고졸보다 대졸을 높이 평가하는 것을 말하고, 수평적 학력주의는 동일 단계의 학교를 졸업했더라도 '일류학교' 출신자들을 다른 학교 졸업자보다 높이 평가하는 것으로 흔히 '학벌주의'를 의미한다(McNamee & Miller, 2009/2015). 능력주의란 개인의 노력과 능력에 비례해 보상해 주는 사회 시스템을 뜻한다. 학력이 높을수록 학벌이 좋을수록 능력이 좋다고 믿게 하는 경향이 있어서 능력주의와 학력·학벌주의는 다른 개념이 아니다. 마이클 영Michael Young의 풍자 소설 《능력주의의 출현》에서 보듯이 능력주의는 매우 공정한 시스템인 듯 하지만, 승자독식과 약육강식의 논리로 지배되는 무자비한 사회 시스템이다(Young, 1994/2020). 실제로는 능력주의를 방해하는 불공평하고 부당한 사회 제도가 만연하지만, 능력주의는 완벽하고 공평할 것이라는 허구적 이데올로기로 신봉되는 것이다. 시험 제도에 의해 '공정하게' 평가되는 학교는 이러한 능력주의를 부추기는 대표적 제도다. 자칫 이러한 능력주의는 신체적·정신적 능력이 못 미치는 경우인 장애에 대한 차별과 혐오를 불러일으킬 수 있다.

장애의 경계에 있는 학생들

인터뷰한 교사들에 의하면, 10여 년 전만 하더라도 학교에서 장애인 학생은 괴롭힘의 대상이 되거나 그들을 혐오의 시선으로 보았다.

집단으로 특히 자폐 아동이나 다운증후군 학생을 괴롭혔는데, 가해 학생의 학부모들조차 자녀가 무엇을 잘못했는지 모를 정도였고, 아이들도 당연시했고 교사들은 분노하는 상황이었다. 오히려 피해당한 자폐 학생이 전학 가거나 피해 버리는 상황이 너무 안타까웠다. (남녀공학중학교 교사 B)

이제 장애를 바라보는 학생의 시선이 달라졌다. 2007년 장애인차별금지법이 제정되고 학교에서 장애인 인권 교육이 시행되었다. 그 효과인지 장애인 학생에 대한 노골적 차별이나 혐오 발언은 하지 않는다. 하지만 장애인 인권 차원에서 장애를 인정하고 대등하게 대우하는 수준에 이르지는 못한다.

초등학교 아이들은 대체로 장애가 있는 친구들에게 아주 호의적인 편이에요. 차별하면 안 된다라는 것을 배워 알고 있는데 아무래도 학생의 장애가 어떤 종류이고 수준이 어떠냐에 따라 차이가 있죠. 일상생활의 불편을 초래하는 경우에는 굉장히 날카롭게 대할 때도 있지만, 차별과 혐오라기보다 평소에 그냥 장애인 학생을 도와줘야겠다, 불쌍하다 이렇게 생각하는 듯해요. (초등학교 교사 H)

여전히 장애인을 비장애인이 돌봐주어야 하는, 시혜의 대상으로 여긴다는 한계는 있지만, 대부분 배려하려고 한다. 그러나 장애와 비장애의 경계에 있는 학생을 비하하는 등 차별하는 때도 있다.

수업 중에 말이 어눌한 학생의 말을 "뭐라는 거야?" 하면서 어투를 흉내 낸다거나 말을 반복하거나 약간 놀리듯이 따라

한다거나 이런 행동을 해요. 아예 장애가 있으면 아이들이 도와주려고 하고 놀림의 대상에서 완전히 벗어나는데 경계에 있는 아이들이 훨씬 더 힘든 면이 있어요. 유사 자폐나 경계에 있는 학생들이 힘든 이유가, 보호자들이 장애 진단을 받기를 두려워하거든요. 그러니까 학교에 있는 특수 학급에 왔다 갔다 하면서 공부해야 하는데 특수반 다니는 애가 돼버리니까 그걸 두려워하기도 해요. (남녀공학중학교 교사 B)

신체적 장애가 아닌 경우 부모의 편견이 문제가 된다. 초기에 자폐 진단을 받았지만 사실은 자폐가 아니고 조현병인 경우 아이에게 조기 치료가 시급한데도 부모가 자폐는 인정해도 조현병은 인정하지 않으려 한다. 이런 면은 우리 사회가 정신적 질병이나 장애를 어떻게 바라보고 있는지를 보여 준다. 조기 치료를 받으면 교실에서 함께 더 잘 어울릴 수 있는데 부모의 편견으로 인해 적절한 치료를 받지 못하게 되어 안타까운 상황이 된다.

고등학생인데 점점 상태가 심해져 아마 어릴 때 부모님 중 한 분이 갑자기 일찍 돌아가신 트라우마도 있는 것 같고…… 이 학생이 수업 시간에 뛰쳐나가고…… 상담으로는 한계가 있잖아요. 약을 먹게 해야 하는데 그러려면, 보호자의 동의가 필수죠. 중도에 학교를 그만두기도 하고, 어떻게 간신히 졸업하기도 해요. (남자고등학교 교사 A).

초·중학교에는 위클래스wee class*가 있어서 아이들이 심리적 상처를 받았을 때 상담을 받을 수 있다. 학생들이 위클래스에서 가장 많이 털어놓는 고민은 비교하는 부모에 대한 스트레스다. 공부를 잘하는 아이와의 비교, 자매나 형제 간의 능력이나 외모 비교 등이다. 위클래스 상담실에 가는 일은 자신에게 뭔가 문제가 있다는 것이어서 꺼리는 면이 있다. 그래도 위클래스를 자주 찾는 아이들은 학교생활에서 고립되지는 않는다. 자신이 원하는 만큼 친구들로부터 관심을 얻지 못해서 위클래스를 찾는 학생도 있다. 그만큼 학교생활에서 교우 관계가 중요하다.

교사는 아예 상담을 거부하고 마치 히키코모리**처럼 학교에 와서 아무와도 이야기하려고 하지 않고 가만히 있거나 잠만 자다가 가는 학생들을 걱정한다. 이들은 결석이 잦거나 간혹 학교에 나오더라도 여름에도 긴 검정 후드 재킷

* 학교 내에서 주의산만, 대인관계 미숙, 학습 흥미 상실, 미디어 중독 등 학교생활에 잘 적응하지 못하는 학생에게 관련 프로그램을 제공하는 제도다.
** 사회생활에 적응하지 못하고 집 안에만 틀어박혀 사는 사람을 말한다. '틀어박히다'라는 일본어다.

을 입고 항상 모자를 눌러 써 얼굴을 가리고 다닌다. 부모가 동의하지 않으면 외부 상담이나 치료도 받을 수 없지만, 반대로 부모가 동의를 해도 아이가 상담을 거부하면 도와줄 방법이 없다. 부모 상담도 필요하지만, 이루어지지 않거나 가정적으로 힘든 상황이 많다.

가정 환경과 학교 폭력

전면 무상 급식을 실시하지 않던 시절에는 다른 도시락 색깔 등 선별 무상 급식을 받는 학생들이 도드라졌지만, 지금은 그러한 구별은 없어졌다. 더군다나 학교에 따라 정도 차이는 있겠지만, 인터뷰한 선생님들이 근무하는 학교에서는 대체로 복지 대상 학생들의 개인 정보 보안에 신경 쓰고 문자로 조용히 소식을 주고 문서 같은 것도 당연히 암호를 걸어서 보내고 보완에 신경을 많이 쓰는 편이다.

아무래도 아이들끼리는 부모 재력에 대해 부러움과 질시 같은 분위기는 있어요. 저희 학교가 아파트와 다세대가 공존하는 학교거든요. 알게 모르게 끼리끼리 차별이 있는 거 같아요. 아파트 사는 아이들은 좀 당당하게 얘기하고. (중학교 교사 D)

교사가 학생의 경제 상황을 대놓고 차별하는 경우는 많

이 줄어든 듯하다. 입학 시, 학기 초에는 잘 모르지만, 전학을 오게 되면 학생의 부모나 가정 상황이 눈에 띄게 된다. 전학을 왜 왔는지, 무슨 문제가 있는 것은 아닌가 하는 편견 어린 시선을 받게 되는 것도 사실이다. 아이들의 교우 관계에서 중학교 1학년은 초등학교의 연장이고 중학교 1학년 때 친해진 그룹은 대개 3학년까지 이어지기 때문에 전학 온 아이들도 적응이 쉽지 않을 수 있다.

　　학교 폭력은 여느 다른 폭력처럼 주로 약한 쪽을 대상으로 벌어진다. 학교 폭력 피해 학생의 치유를 위해 교육부가 지원하는 위탁 교육 기관인 해맑음센터에 의하면, "한부모 가정, 조손 가정, 다문화 가정 아이들이 상대적으로 혐오 표현이나 학교 폭력의 피해자가 되기 쉽다. 가정의 지지가 부족한 아이들이 피해를 볼 확률이 더 크다"(김은지, 2021. 6. 28). 학교 폭력 조치 결정을 받은 사건의 사유를 보면, 부모의 이혼이나 특수학교 학생에 대한 놀림, 가정 환경에 대한 비하와 할머니에 대한 조롱 등이다. 차별과 혐오의 말이 원인이 되어 언어폭력이 되고, 학교 폭력이 발생한다.

　　2020년 하반기 서울 지역에 발생한 학교 폭력은 초등학교 119건, 중학교 364건, 고등학교 233건이었다. 폭력 사건 한 건에 초등학생과 중학생, 중학생과 고등학생이 함께 연루된 예도 있다(김은지, 2021. 6. 28). 교육부의 〈2023년 1차 학교폭력 실태조사〉에 따르면, 코로나19 팬데믹 이후 대면 수업이 재개되면서 학교 폭력을 당했다는 초·중·고 학생들의 수는 10년 만에 최대치를 기록한 것으로 나타났다. 가해자를 중심으로 폭력의 먹이 사슬을 거슬러 올라가면 누구를 가해자라고 해야 할지 난감할 때가 많다. 폭력의 먹이 사슬에 얽혀 있는 모든 이가 피해자이며 동시에 가해자가 된다. 그 핵심에는 사회적·제도적·문화적 폭력이 그들을 짓누르고 있다. 성적에 대한 과도한 기대로 자녀를 억압하는 부모도 있고 경제 문제에 대한 스트레스를 가정 폭력으로 해소하는 부모도 있다. 아이들은 부모나 힘 있는 사람에게 폭력을 당하면서 자신도 모르게 그것이 정당하다고 받아들인다(심선화, 2018).

> 학교에서 말썽을 부리는 아이들의 가정은 부서질 대로 부서져서 위태로웠고 부모는 아이의 든든한 울타리가 되어 주지 못했다. 아이들의 삶도 무척 고단했다. 가정에서 지속적인 폭력을 당한 학생은 쉽게 폭력을 쓴다. 강한 폭력 앞에서는 복종하고 자신보다 약한 누군가에게 자신이 경험한 그 이상의 폭력을 표출한다. 이것이 20여 년 동안 교사로서 관찰한 폭력의 먹이 사슬이다. (심선화, 2018)

온전하지 못한 가정은 학교 폭력의 가해자뿐만 아니라

피해자도 함께 양산한다. 폭력을 하는 이유가 피해 학생이 가난하거나, 장애 형제가 있거나, 가정 폭력으로 위축되어 있거나, 내성적이고 조용하기 때문이었다. 학교 폭력의 피해자들은 폭력 사실을 알리고 도움을 청하거나 차마 싸우지 못하고 자신의 존재에 대한 죄책감과 싸우게 된다. 학교 폭력의 가장 큰 문제는 피해자가 자기부정을 반복하게 만들어서 스스로 혐오하게 되는 것이다. 피해자 대부분은 당시에는 자신이 어떤 이유로 먹잇감이 되고 노리개가 되는지 잘 모른다. 단 한 번의 강함을 나타내기 위해 얼마나 많은 약함을 숨겨야 하는지, 잘못한 게 없는데도 학교를 떠나게 되는 바로 그 순간에 깨닫게 된다(김효진, 2021).

그러나 가정에서의 부정적 경험이 반드시 자녀의 일탈로 빠지는 충분조건이라고 성급하게 결론을 내리는 것은 경계해야 한다. 왜냐하면 열악한 가정 환경에서 자라더라도 아무 문제도 일으키지 않는 학생도 많기 때문이다. 같은 환경 조건이라도 모든 사람에게 같은 영향을 주는 것은 아니다(Trent, 2016/2021).

양성평등이 아닌, 성평등으로

성교육은 담당 교사라 하더라도 가정 교과서나 보건 교과서에 나와 있는 부분만 가르치면 된다. 예를 들면, "집안일은 남녀가 나눠서 한다" 같은 양성 평등 내용, 그 이상을 다룰 필요가 없다.

> "가족 인권 선언"이라는 시리즈로 된 책이 있는데 제가 중3 아이들을 데리고 그 책으로 수업을 한 적이 있었어요. 북유럽에서는 교과서처럼 사용하는 책인데 마지막 내용이 엄마 아빠는 이혼을 했고, 아빠의 남자친구와 같이 여행을 가는 내용이 나와요. 아이들도 그냥 받아들였어요. 몇 달 후 서울시교육청에서 하는 양성 평등 교육을 받았는데, 보수 단체에서 이 책을 금서로 처리해 달라고 했다는 거여요. 깜짝 놀랐어요. (남녀공학중학교 교사 C)

이렇듯 특정 성적 지향성이나 성적 정체성에 대해 여전히 '반대'하는 목소리가 존재한다. 그래서 학교에서 양성평등이 아닌, 성평등에 기반한 젠더 교육에 접근하기가 쉽지 않다. 이번 인터뷰에 참여한 교사들은 성소수자 차별과 혐오에 관해서 들어본 적이 없다거나 잘 모르겠다고 응답했다.

성별 정체성, 성별 표현 등을 이유로 한, 집단 괴롭힘 bullying이나 괴롭힘harassment은 트랜스젠더 아동, 청소년, 학생이 흔히 겪는다. 인권위에서 실시한 〈트랜스젠더 혐오·차별 실태 조사〉(홍성수 외, 2021)에 의하면, 중·고등학교에서 교직원에 의한 폭력이나 부당한 대우를 겪었다고 응답한 124명 중 78명(13.4%)이 중·고등학교에서 언어적 폭력을, 28명(4.8%)이 아웃팅을 경험했다. 연구진들은 이러한 집단 괴롭힘이나 괴롭힘은 실질적으로 성소수자 학생의 교육권 침해로 볼 수 있으며 국가는 이러한 혐오·차별을 방지하고 이에 대응해야 할 의무가 있다고 주장한다.

2017년 서울시교육청이 실시한 〈학생의 성 권리 인식 및 경험 실태 조사〉에 따르면, 성적 지향성에 대해 고민한 학생은 전체의 13.3%로 나타났다. 또한 성소수자에 대한 정보 및 교육이 필요하다고 응답한 학생은 33.4%다. 이를 살펴보면 성소수자 차별이나 혐오를 방지하는 인권 교육(교육 필요 응답 학생의 80.5%), 성적 지향성과 성별 정체성에 대한 구체적인 정보(58.6%)가 필요하다고 응답했다. 또한 51.8%의 학생이 성소수자와 관련된 고민이나 문제가 있을 때 도움받을 방법을 알고 싶다고 밝혔다. 교육 현장에서 많은 학생이 성소수자를 포함하는 성교육 및 인권 교육을 요구하고 있다.

3. 한국 사회를 닮은 학교

학교는 거대한 비정규직 박람회장 같다. 교사와 행정실 직원 외 80여 종의 비정규직 직종이 있다. 교사는 전체 학교 종사자 87만 명 중 51%를 차지하고 교육 공무원은 6% 정도다. 이들을 제외한 나머지가 비정규직 교육 노동자들로서 38만~40만 명으로 추산된다. 계약직인 기간제 교사와 무기계약직인 공무직 상담 교사가 있으며 강사 직종만 해도 영어 회화 강사, 교과교실제 강사, 산업체 우수 강사, 학교 운동부 강사, 다문화 언어 강사, 스포츠 강사, 예술 강사 그리고 방과후 강사 등 여덟 가지이며 대략 16만 명 정도로 추산된다. 여기에 더해 급식을 책임지는 조리원과 조리사가 있다. 또한 무기 계약 전환이 거부된 초등 스포츠 강사, 영화 회화 전문 강사 등이 있다(김경희, 2021).

보람과 희생을 강요하는 학교에서 문제화하지 못하는 산재에 시달리는 비정규직이 많다. 흔히 급식실은 온갖 질병으로 고생하는 조리원과 조리사들로 인해 '산재 제작실'로 불린다. 특수 교육 실무사도 지체 및 발달 장애 학생들을 돌보느라 고강도 노동에 시달리지만, 산재가 발생해도 산재 처리는 커녕, 눈치 보느라 제대로 치료를 받지 못하는 경우가 허다하다. 돌봄 전담사는 코로나19 사태를 맞아 일선에서 전쟁을

벌이는 직군이다. 교사와 비슷한 일을 하지만 8시간, 6시간, 4시간 등 시간제 속에서 간신히 버틴다. 그 밖에도 7급 공무원 호봉 수준의 처우로 채용했지만 해마다 임금 삭감을 강요당하는 교육복지사 직군도 있다. 교원의 업무 경감을 목적으로 교무행정사, 교무실무사, 행정실무사 등 많은 수의 비정규직도 있다. 처우 개선을 약속받고 파견 용역에서 무기 계약직 고용으로 전환했는데, 다시금 임금 차별이라는 이중삼중의 차별을 겪는 청소 노동자, 당직 노동자도 있다. 이들은 대체로 나이가 많아 자신들의 목소리를 적극적으로 내기 어려운, 비정규직 중의 비정규직이다(김경희, 2021: 177~178).

학교에서 벌어지는 정서적, 제도적 차별과 혐오의 말, 여기에 더해지는 정서적, 언어적 폭력은 학교 공간에서 시작된 것이 아니다. 가정과 사회의 문제가 학교 공간으로 고스란히 들어와 펼쳐졌을 뿐이다. 이와 더불어 가장 심각한 학교 문제인 집단 괴롭힘(따돌림)과 학교 폭력도 원인을 한국 사회에서 찾아야 할 것이다.

세계 각 나라의 세속 합리성, 전통적 가치, 생존적 가치, 자기표현 가치를 평가한 "세계 가치관 조사"에서 한국은 GDP가 서구 선진국 수준임에도 불구하고 세속 합리성 가치는 높지만, 자기표현 가치는 매우 낮은 국가였다(Inglehart & Welzel, 2005/2011). 즉 경제 성장, 사회 질서 유지, 안보에 집

착하면서도 사회적 신뢰, 소수자와 이방인에 대한 관용이 지나치게 적은 사회다. 보통은 잘살게 되면 사회의 관대함도 같이 증가하지만 한국 사회는 지위와 소득 수준이 올라가도 공공성, 타인에 대한 배려, 소수자, 약자에 대한 관용 수준이 높지 않은 것이다. 52개 국가의 관용성 수준을 평가했을 때, "자녀에게 관용을 가르쳐야 한다"라는 응답에서 한국은 45.3%로 52위 꼴찌를 했다. 한국은 매우 역동적이지만 경쟁 압력 또한 극단적으로 높은 사회다(박권일, 2021). 교육심리학자 하워드 가드너Howard Gardner는 한 인터뷰에서 "사회가 더욱 다양성과 다원적인 문화를 가질 때 서로 살아남고자 발버둥 치는 싸움터에서 벗어나게 된다"라고 조언한다(안희경, 2014. 1. 27). 한국 사회는 다양성과 다원적 문화를 권장하는 대신 여전히 위계와 권위, 착취와 경쟁을 우선시한다.

학교에서는 규칙을 따르면 정상, 그렇지 않으면 비정상으로 나뉘는 이른바 정상 규범이 작동한다. 이때 차별과 혐오 표현의 대상은 사회와 학교가 규정한 '정상'의 규범에서 벗어난 이들이기 쉽다. 그러나 차별과 혐오 표현의 가해자는 피해자들 존재 자체가 곧 원인인 양 공격한다. 학교는 규칙을 강요하고 학교 내에 소속된 자들은 그에 부응하기 위해 집단으로 혹은 개인적으로 경합한다. 학교는 기성세대가 만들어 놓은 위계에 따른 차별과 혐오의 연쇄 고리다. 이 같은 학교에서는 다양성과 다원적 문화를 경작할 수 없다.

그럼에도 불구하고, 차별과 혐오의 문제 해결을 위해서는 어떤 노력을 할 수 있을까. 기존 연구들에서도 강조하지만, 차별 대상이 되는 학생의 관점에서 학교 교육을 전면 조명할 필요가 있다. 현재 벌어지고 있는 차별과 혐오 현상에 관해, 정규 교과 과정을 통해 어떻게 대처할지에 대해 심도 있는 논의와 과제 도출이 절실하다.

미디어의 영향, 그리고 가정에서의 자녀에 대한 무심한 비교는 각종 차별과 혐오의 마음을 부추기게 된다. 학교 공동체의 일원 누구든 차별과 배제를 경험하고 혐오의 말을 들었을 때 그것을 문제시하고 공론화할 용기가 절실하다. 그때 학교 공동체는 성찰할 기회를 마련하고 제도적으로 소수자를 위한 안전 장치를 마련할 수 있다. 무엇보다 교육 패러다임이 교육의 성과, 학력주의, 능력주의를 중심으로 자리매김되어 있다면, 학교 내 소수자에 대한 차별과 배제, 혐오 문제는 해결이 요원할 것이다. 능력주의를 부추기는 교육 패러다임의 전환을 통해 학교의 모든 구성원이 건강한 민주 시민으로 거듭날 수 있도록 해야 한다.

* 이 글은 〈미디어, 젠더 & 문화〉(2021, 36권 4호)에 실린 "학교 공간의 혐오·차별 현상 연구"를 재구성, 수정한 것이다.

2

함께 거주할 수는 없는가

공공 임대 주택을 둘러싼 혐오와 차별

박미선

"

도시는 다양성을 기본 속성으로 한다. 도시는 많은 인구가 밀집되어야 생성되지만, 사회경제적 속성이 유사하고 소득 수준이 비슷한 사람들이 모이는 것으로는 충분하지 않다. 다양한 배경과 속성을 지닌 이들이 모여 서로 배우고 새로운 것을 만들어 가는 곳이 도시이기 때문이다.

"

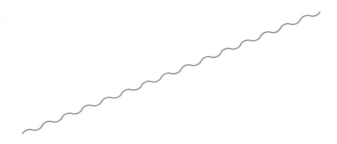

도시는 다양성을 기본 속성으로 한다. 도시는 많은 인구가 밀집되어야 생성된다. 이러한 도시에 사회경제적 속성이 유사하고 소득 수준이 비슷한 사람들이 모이는 것으로는 충분하지 않다. 다양한 배경과 속성을 지닌 이들이 모여 서로 배우고 새로운 것을 만들어 가는 곳이 도시이기 때문이다.

19세기 이후 도시계획가들은 도시에서 사회 정의와 형평성을 구현하기 위해 사회 통합의 필요성을 주장해 왔다. 사회 배경이 다르더라도 누구나 동등한 삶의 기회를 가질 수 있어야 하며 이를 누릴 수 있도록 계획이 이루어져야 한다는 것이다. 따라서 도시 계획과 계획가의 역할을 중요하게 생각하였다.

19세기 말 영국에서는 주거지의 사회적 혼합social mix을 위한 시도가 있다. 영국의 작가 제임스 버킹엄James Buckingham이 구상한 빅토리아Victoria라는 유토피아 도시는 1만 명 규모로 다양한 계층이 함께 거주하는 농촌 환경이다. 이곳에서는 다양한 사회 서비스를 무상으로 제공한다. 그는 물리적 거주 공간의 개선을 통해 사회 변화가 일어날 것이라고 보았다. 그러한 시각을 바탕으로 주택의 크기와 가격을 다양하게 배치하고, 서로 인접하게 위치시키면서 이웃과 대면할 기회를 높이도록 계획했다. 나중에 이러한 주거 단지는 영국의 도시 계획가 에버니저 하워드Ebenezer Howard(1850~1928)의 전원도시(농촌과 도시의 장점을 결합한 신도시) 개념에 단초를 제공한 것으로 알려져 있다(Sarkissian, 1976).

주거지 내에서 사회적 혼합을 이루는 방식은 다양하다. 대표적으로는 자가 주택과 임대 주택을 섞는 점유 형태 혼합, 또 주택의 형태가 공동 주택, 단독 주택, 벽을 맞댄 저층 주택 등이 공존하는 주택 유형 혼합, 저-중-고 소득층이 함께 거주하는 소득 혼합 방식이 있다. 다양한 사람들이 함께 거주하는 주거지를 조성하려고 하는 데는 다양성을 통해 얻는 효과가 있기 때문이다. 사회적 혼합을 통해 역할 모델role model 효과, 사회관계망social network 형성, 사회 통제social control 등의 효과를 얻을 수 있다.

우선, 다양한 소득 계층이 혼합된 거주지는 고소득, 안정된 거주민이 제공하는 행동 양식이 저소득 주민과 자녀에게 역할 모델을 제공하여 이들의 행동 양식에 변화를 일으

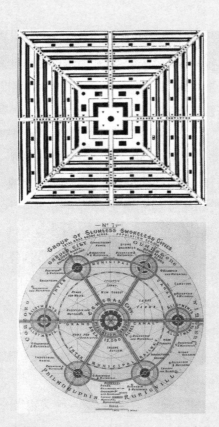

제임스 버킹엄의 모델 도시 구상도(위)와 에버니저 하워드의 전원도시 구상
도(아래, 1902). (출처: 위 http://urbanplanning.library.cornell.edu/DOCS/buckham.htm, 아래
https://commons.wikimedia.org/wiki/ File:Garden_City_Concept_by_Howard.jpg)

킬 수 있다. 윌리엄 윌슨William Wilson(1987)은 《진정으로 불리한 이들The truly disadvantaged》이라는 유명한 책에서 중산층, 근로 가구의 중요성을 강조한다. 그는 이들의 정규적인 고용 상태와 교육 등이 사회적 완충 장치social buffer 기능을 한다고 주장한다. 고소득층과 저소득층이 함께 거주하면서, 고소득층의 사회적 생활 양식, 도덕, 문화 등을 함께 공유할 수 있다. 이를 통해 눈에 보이지 않는 사회적인 통제의 역할도 가능하다. 그러므로 단일한 소득 수준의 계층만이 아닌 다양한 소득 수준이 함께 거주하는 사회적 혼합이 중요하다는 것이다. 이를 위해 주택의 유형과 점유 형태를 다양하게 해야 한다. 인근에 거주하는 이들의 생활 양식이 직간접적으로 영향을 미쳐, 인식과 행동의 변화가 이어질 것이라고 기대하기 때문이다.

사회적 혼합을 통해서 얻는 편익은 개인 차원뿐만 아니라 지역 차원에서도 나타난다. 개인 차원에서는 주거지 만족도 상승, 사회적 관계망 형성, 고용 증가, 자녀 학업 성취도 상승 등으로 표출된다. 지역 차원에서는 빈곤율이 하락하고, 사회적 배제가 감소하거나 지역의 평판이 상승하는 방식으로 나타난다.

1. 공공 임대 주택은 어떻게 시작되었나

국내에서 주거지의 사회적 혼합을 위한 시도는 주택 공급의 역사와 밀접하게 관련되어 있다. 급격한 도시화와 산업화로 인해 농촌에서 도시로 이동이 가속화되면서, 도시 내 주택 부족 문제가 심각했다. 주택 부족과 가격 상승이 사회 문제가 되면서 도시 내 거주하는 저소득층(당시 용어는 영세민)을 위한 저렴한 주택 공급이 중요하게 대두되었다.

1989년 노태우 정권(1988~1992)이 제시한 200만 호 주택 건설 계획은 주택 가격 폭등이 사회 문제가 됨에 따라 내놓은 급진적 대응 전략이었다. 이를 실현하기 위해 수도권에 신도시 5곳을 건설하는 계획이 시작된다. 이 계획은 도시 빈민을 위한 영구 임대 주택, 영세민을 위한 임대 주택과 소형 분양 주택, 중산화 가능 계층을 위한 중형 분양 주택 등 소득 수준에 따른 주택 공급이 이루어지도록 했다. 이는 국내 사회적 혼합을 위해 본격적으로 주택을 공급하는 데 시초가 된 계획이라고 할 수 있다. 영구 임대 주택 등의 주택 정책은 도시에서 거주하지만 도시의 주택 가격을 감당할 수 없는 이들에게 저렴하고 안정적으로 거주할 수 있는 거처를 대규모로 제공한 것으로 상당히 획기적인 시도로 볼 수 있다. 영구 임대 주택을 건설하기 위해서는 상당한 정부 재정을 투입해야 한다. 거주민은 저렴한 임대료에 안정적인 거주 기간을 보장받으므로 주거 안정과 주거비 부담이라는 두 가지 혜택을 한꺼번에 볼 수 있는 장점이 있다. 원래 영구 임대 주택은 재정 85%를 지원하여 25만 호를 공급하려 했으나 19만 호에 그쳤다. 총 200만 호를 공급한다는 그 목표를 초과 달성하였으나, 영구 임대 주택 건설은 계획에 미치지 못했다.

영구 임대 주택이 소득 10분위 중 1분위 저소득층의 주거 안정을 위해 공급되기 시작한 후, 그 위의 소득 수준이나 시장에서 자력으로 주택을 마련하고 유지하기 어려운 저소득층을 위한 임대 주택이 속속 개발되고 공급되었다. 김대중 정부(1998~2002)는 영구 임대 주택을 포함하여 약 50만 호의 공공 임대 주택을 공급할 계획이었으나 IMF 여파로 인하여 국민 임대 주택 5만 호를 건설하는 데 그쳤다. 이후 노무현 정부(2003~2007)에서 이를 이어받아 저소득층 주거 안정을 위하여 국민 임대 주택을 매년 10만 호씩 총 100만 호를 공급한다고 계획한다. 이는 상당수 건설되어 공급되었다. 외곽에 대량으로 공급되는 형태의 건설 이외에 도시 내부에서 주택을 매입하여 저소득층에게 다시 임대하는 방식의 매입 임대 주택도 공급되었다. 단지형 임대 주택 건설이 갖는 사회적 낙인을 완화하기 위한 노력의 일환이었다.

박근혜 정부(2013~2017)는 청년층과 젊은 세대에게도 안정된 거처를 제공하기 위해 행복주택을 도입하였다. 사회 초년생, 신혼부부, 대학생을 주요 입주 대상으로 선정하고 대중교통이 편리한 곳에 공급하고자 한 것이다. 그러나 지자체와 주민들이 집값 하락, 교통 체증 등을 이유로 행복주택 건립을 반대하면서 공급 물량이 축소되었다. 이어 문재인 정부(2017~2022)는 주거 복지 로드맵을 통하여 생애 주기별·소득 수준별 맞춤형 주거 지원을 표방했다. OECD 수준의 공공 임대 주택 재고를 확보하기 위해 5년간 신혼부부, 청년 등을 위해 65만 호 공공 임대를 공급하기로 하였다.

주거지 개발에 있어 사회적 통합을 유도하는 방식은 분양 주택과 임대 주택을 혼합하는 점유 형태 혼합 방식과 건설되는 주택의 규모를 제어하는 방식(소형 주택 의무 공급)이 혼합되고 있다. 이는 분양 주택 단지의 내부나 인근에 임대 주택을 공급하여 저소득 주민이 함께 거주하도록 하거나, 다양한 규모의 주택을 혼합함에 따라 자신의 소득에 맞는 주택을 구입하거나 임대할 수 있게 되고 이를 통해 여러 소득 계층이 함께 거주하는 주거지가 조성되리라 기대하기 때문이다. 공공 임대 주택 공급 초기에 대상자를 소득 수준이 낮은 이들에게 국한했던 것에 비해 최근에는 입주 대상자의 소득 기준이 상승하고 있다. 또한 임대 주택의 유형을 통합하면서 다양한 소득 계층이 함께 거주할 수 있는 물리적 조건이 만들어지고 있다.

2. 차별과 배제가 만연한 주거지의 민낯

공공 임대 거주자를 어떤 방식으로 차별하는가

공공 임대 주택은 함께 사는 사회를 만들기 위한 노력의 일환으로 공급된다. 그런데 공공 임대 주택에 대한 차별과 배제는 공공연하게 나타나고 있다.

차별과 배제를 표출하는 방식은 가시적이고 두드러진 방식에서 눈에 덜 띄면서 미묘한 방식으로 바뀌고 있다. 초기에 공급된 공공 임대 주택은 도시 외곽의 저렴한 택지에 건설되었다. 공간적 이격離隔을 통해 주거지 자체를 배제하고 분리시킨 것이다. 특히 교통 편의 시설이 부족한 상태에서 임대 주택이 대량 공급되었다. 이는 공공에서 공급한 임대 주택에서 자주 발생했던 일로, 공공 임대 주택 건설 초기에 종종 지적받은 문제이기도 하다. 하지만 세월이 흐르면서 그 속성도 변화한다. 영구 임대 주택의 경우, 초기에는 강북, 강서 등 도심에서 상당히 먼 곳에 대단지로 공급되었고, 도시 저소득층이 일터와 공동체로부터 멀어지는 문제를 야기했다. 그러나 도시화가 진전되면서 도시 팽창, 교통 인프라 확충 등으로 인해 지금은 서울 시내에 위치한 영구 임대 주택 단지도 교통 접근성이 높아졌다.

공간적인 이격을 통한 낙인화가 초기에 발생한 공공 임대 주택의 차별이라면, 이를 해결하기 위해 일반 분양 주택을 건설하는 도심에 공공 임대 주택을 함께 건설하는 과정에서 발생하는 차별과 배제가 두 번째 단계다. 단지 내에서 혼합을 요구했으나 공공 임대 주택을 단지 내 가장 안 좋은 위치에 배치하거나, 집의 방향이나 소음에서 불리한 곳에 배치하는 방식으로 차별한다. 이러한 차별은 도시 차원의 지역적 분리가 아닌 단지 차원에서 발생하면서 차별이 주거 단지로 내부화되었다.• 이때 가시적으로 드러나는 임대 주택에 대한 차별은 다음과 같다. 주택 규모는 소형이며, 계단형이 아닌 복도형으로 건설해 한 층에 더 많은 세대를 배치하여 (옆으로 긴 성냥갑처럼) 외관에서 확연히 구별된다. 이런 외관에서 드러나는 차별은 여전히 현재진행형이다.

가시적이고 물리적인 차별은 어쩌면 줄어들었을지도 모

• 단지 내 차별에 관련하여 다음을 참조하라. "임대아파트 주민 "차별에 큰 상처,"" 〈KBS 뉴스9〉, 2015. 1. 1.

른다. 하지만 분양 주택 주민 중 일부는 임대 주택 주민 자녀가 자신의 자녀와 같은 학교에 다니지 못하도록 압력을 넣는다거나, 시설을 함께 사용하지 못하게 한다거나, 도로를 막는 식으로 시설 이용을 못하게 차별하고 있다. 분양 아파트와 임대 아파트가 함께 건설된 단지에서는 그사이를 가로지르는 곳에 울타리를 설치하여 주민 간 이동을 차단하는 일도 있었다.•

또한 상가와 놀이터 등 편의 시설이 분양 아파트 쪽에 밀집해 있기도 하다(이슬 외, 2016). 분양동과 임대동을 분리해 달라는 분양동 주민 요구에 따라 동 사이에 1.5미터 높이의 가시철조망이 설치된 일도 있었다(《머니투데이》, 2015. 10. 16). 아예 도로로 단지가 양분되어 건설된 경우도 있다. 한쪽은 분양 아파트, 다른 쪽은 임대 아파트로 분리되어 같은 단지임에도 불구하고 외관 색채와 명칭도 다르고 상업 시설, 광장, 공원 등 편의 시설은 분양 아파트 쪽에 집중 배치되었다(이주현, 2012). 심지어 초등학교 신입생 예비 소집에 분양 아파트 거주 학생과 임대 아파트 거주 학생을 따로 분

• 임대 아파트와 분양 아파트를 가르는 울타리에 관해 다음을 참조하라. 길윤형, "빈부의 철조망을 허물어라," 〈한겨레21〉, 2006. 3. 29.

류하였다가 학부모로부터 거센 항의를 받기도 했다(《서울신문》, 2018. 11. 25). 한 초등학교에서도 신입생 배정표에 이름 옆에 아파트명을 명기하여 차별한 경우도 있었다(《아시아경제》, 2019. 11. 11). 이렇듯 분양 아파트와 임대 아파트가 혼합된 단지에서는 사회적 혼합 동이나 임대 아파트 동이 단지 외곽에 배치되고, 같은 아파트 단지의 시설을 함께 사용하지 못하는 경우가 많다.

아파트를 부르는 방식에서도 차별이 일어난다. 최근 대형 건설사에서는 자체 브랜드를 아파트명에 사용하고 이를 통해 아파트 가격을 올리고 있다. 그런데 같은 건설사가 시공해도 임대 주택은 (어울리지 않는다는 것인지, 또는 그럴 자격이 없다는 것인지) 같은 브랜드를 아파트명에 사용하지 못하게 하는 일이 횡행한다. 가령, 길음동부센트레빌 아파트에서는 분양 아파트만 동부센트레빌이라는 명칭을 사용하고, 임대 아파트는 그 명칭을 쓰지 못하게 하였다. 임대 아파트 정문에는 길음동부아파트로 명시하는 식이다. 대전에서도 분양과 임대가 혼합된 단지에서 원래 하나로 통일되었던 마을 이름이 민영 주택 단지가 이름을 바꾸면서 분양 주택과 임대 주택 단지가 분리되어 버렸다. 이 때문에 초등학교 아이들이 차별받는 경우가 발생한다(《오마이뉴스》, 2007. 1. 19). 임대 주택 입주민들이 단지명을 바꾸려 하자, 유사 브랜드를 사용하는 인근 주민들이 강력 반발하는 일도 있었다. 임대 주택 단지는 공사가 건설한 임대 아파트라는 것이 이유였다(《매일경제》, 2015. 2. 4).

임대 주택 자체를 혐오 표현으로 지칭하거나 임대 주택 입주민을 '거지'라는 단어와 합성하여 표현하기까지 한다. 임대 주택 브랜드에 대한 조롱과 멸시가 스스럼없이 자행되고 있는 것이다. 한국토지주택공사가 건설한 임대 주택에 휴먼시아라는 브랜드를 도입하자 임대 주택 입주민을 '휴거'(휴먼시아+거지)라고 표현하거나 LH라는 공사 영문 이니셜을 이용하여 '엘거'(LH+거지)라고 지칭하기도 하였다. 청년 주거 문제가 심각해지자 정부에서 호텔을 리모델링하여 청년용 임대 주택으로 공급하자 이를 두고 '호텔 거지'라고 부르는 일도 있었다(《한겨레》, 2020. 11. 30).

브랜드 아파트 입주민이 남들보다 더 높은 위치에 있는 것도 아니고, 남을 업신여기거나 혐오하는 표현을 사용해도 되는 것은 더더욱 아니다. 그런데 분양 주택에 거주하는 이들이 주변의 임대 주택 주민을 함부로 지칭하고 혐오 표현을 남발한다.

한편 임대 주택 건설 자체를 반대하는 일도 있다. 이러한 일은 임대 주택이 건설된 후에 발생하는 차별보다 훨씬 더 선제적이고 조직적으로 발생하는 듯하다. 이는 가난을 악으로 여기고 게으름과 나태함에 기인한 것으로 바라보는 논리와 연결된다. 임대 주택이 혐오 시설이 되어 버린 셈이다. 사회 전체적으로 필요한 시설이 내 집 인근에 들어서는 것을 반대하는 이기적 행동을 님비NIMBY(Not In My Back Yard)라고 부른다. 보통 쓰레기처리장이나 하수종말처리장, 장례식장 등 시각, 후각적 외부 효과를 유발하는 시설들이 주로 그 대상이었다. 그런데 이제 그 대상에 공공 임대 주택이 포함된 것이다. 공공 임대 주택은 저소득층 주민을 위한 마지막 안식처last resort다. 임대 주택 건설 계획이 발표되면 입지를 반대하는 시위 현장에 임대 주택을 '난민촌'이라고까지 비하한 현수막이 내걸리기도 한다(《한국일보》, 2019. 5. 23). 최근에는 교통이 편리한 역세권에 건설하는 청년 주택 입주를 반대하는 과정에서 '닭장'이라는 표현까지 등장했다(《한국경제》, 2021. 8. 4).

누가 공공 임대 건설을 반대하는가

왜 이런 일이 발생하는가? 임대 주택 건설 자체를 반대하는 님비 현상이 발생하는 원인과 메커니즘을 알아볼 필요가 있다. 우선 정부가 대규모 주택 건설을 위해 택지 개발 지구를 지정한다. 이때 공공 임대 주택 건설이 포함되면 해당 주민은 반발한다. 대체로 대규모로 건설되는데, 저소득층이 밀집한 임대 주택 단지가 인근에 건설된다는 사실만으로도 지역 사회가 저항한다. 경우에 따라서는 지자체가 앞장서서 반대하기도 하고, 최근에는 인근 임대사업자까지 가세하는 형국이다.

주민들이 반대하는 가장 대표적인 이유로는 슬럼화, '빈민촌' 전락 등에 대한 우려를 든다(《내일신문》, 2004. 6. 28). 이들은 혐오 표현을 거침없이 드러내는데, 임대 주택 거주민은 빈민이라고 정식화한 것 같다. 주민들이 합심하여 '국민 임대주택 건설 반대 주민 대책위원회'를 구성하고 반대하는 일도 있다(《연합뉴스》, 2005. 11. 24). 총 4,500가구 중 2,300가구를 국민 임대 주택으로 건설하겠다는 계획이 발표되자 주민들이 지역 슬럼화를 주장하며 반대하였다(《매일신문》, 2006. 7. 26). 주민들은 임대 주택이 건설되면 단지 '품격'이 떨어진다며 반대하기도 한다(《매일경제》, 2011. 8. 24). 청년 주거 문제를 해결하기 위해 공급되는 행복주택을 지정하면 주민들은 지역 이미지가 하락해서 안 된다고 한다(구로구의회 운영위원회, 2013. 12. 12). 이렇게 주민들은 저소득층이 밀집하게 되면 지역이 슬럼화되거나 빈민촌이 되고, 아파트 품격이 떨어져 지역 이미지가 하락할 것을 걱정한다. 이는 임대 주택 입주민을 빈민이나 품격이 낮은 이들이라고 가정한 몰상식한 행위다.

주민뿐 아니라 지자체가 나서기도 한다. 대규모 택지 개발 지구를 지정할 권한은 중앙 정부에 있다. 반면 지자체는 임대 주택 입지로 복지 수요가 증가할 것이라고 예상한다. 지자체의 반대는 이러한 상호 이해가 충돌하는 과정에서 발생한다. 중앙 정부는 저소득층을 위한 거처를 빠르게 많이 공급하기 위해 대규모 택지 개발 지구를 활용하려 한다. 반면 지자체는 그런 개발이 도시 관리 차원에서 영향력이 큼에도 불구하고 의사 결정의 주체로 나서기 어렵고 사후적으로 임대 주택 입주에 따른 복지 비용 지출이 높아지기 때문에 반대할 가능성이 커진다. 그러나 지자체는 녹지 공간 부족이나 교통 인프라 부족 등 중립적인 언어를 내세워 반대를 표명한다. 예를 들면 해당 지역에 국민 임대 주택이 건설되는 것은 원칙적으로 찬성하지만, 우리 지역은 전국에서 녹지 면적이 가장 낮은 지자체이므로 개발 제한 구역의 녹지까지 해제해서 임대 주택을 건설하는 것에는 반대한다는 식이다(《연합뉴스》, 2004. 12. 21). 또한 국가가 추진 중인 혁신 도시 조성에 악영향을 줄 수 있다는 명분을 내세워 임대 주택 건설을 반대하는 경우도 있다(《매일신문》, 2006. 7. 26). 이외에도 복지 예산 증가를 들어 반대하거나(《매일신문》, 2006. 7. 26), 임대 주택은 역세권에 짓는 것이 교통 접근성 면에서 유리하다는 이유를 들어 반대하기도 한다(《연합뉴스》, 2008. 9. 4).

2018년 4월 9일 성내동임대주택반대비상대책위원회 회원들이 서울 강동구청 앞에서 성내동 서울상운부지에 건설되는 청년 민간 임대 주택 건설 반대 집회를 하고 있다. (사진: 〈연합뉴스〉)

그린벨트를 해제해 공공 임대 주택을 건설하는 것에 대해서는 시민 단체나 전문가의 입장도 차이가 있다. 이들은 기본적으로 공적 자산인 그린벨트를 해제하는 것에 반대한다. 하지만 그린벨트를 해제하면서까지 공공이 주택을 공급해야 한다면, 저소득층 주거 안정을 위해 공공 임대 주택을 최대한 많이 건설하라고 주장한다. 민영 분양 주택을 건설함에 따라 발생하는 개발 이익 사유화를 막고, 주거 복지를 강화하는 것이 필요하기 때문이다. 그러나 이는 지역 주민이나 해당 지자체의 입장과는 차이가 있다.

지금까지 살펴본 반대 사례들은 대체로 몇 가지 공통점이 있다. 중앙 정부가 추진하는 사업이라는 점, 대규모 단지로 건설된다는 점, 그리고 그린벨트와 같이 공적 자산을 활용한다는 점 등이다. 택지 개발 수단을 활용하여 신속하게 대량으로 건설하고자 하는 중앙 정부와, 저소득층 밀집 지역이 해당 지자체에 들어서는 것을 반대하는 지역과의 갈등이 임대 주택 건립에서 첨예하게 대립하고 있다.

최근에는 청년 주거 문제 해결을 위한 행복주택 건설이 활발하다. 그런데 입주자가 청년이어도 반대는 계속된다. 오히려 반대하는 주민의 속성이 조금 바뀌었다. 인근에서 임대 사업을 하는 주민으로 동질성이 강화된 것이다. 행복주택 건설은 박근혜 정부 초기에 야심차게 추진하였으나 주민들의 극심한 반대에 부딪혔다. 초기에 지역 주민들은 교실 부족 등 학군 문제를 내세우며 반대했다(《세계일보》, 2013. 5. 29). 행복주택 입주 대상은 청년이어서 해당 지역 학군과는 상관이 없다. 임대 주택을 그저 혐오 시설로 인식한 것이다. 인근에서도 지역 이미지 하락, 도시 단절, 교통 체증 악화 등을 이유로 들어 행복주택 건설을 반대했다(구로구의회 운영위원회, 2013. 12. 12).

　표면적인 이유보다 속을 들여다보면 또다른 이유가 드러난다. 무엇보다 집값 하락을 우려하는 주민과 임대 수익 하락을 걱정하는 민간 임대사업자가 청년 행복 주택 건설을 반대한 것이다(《한겨레》, 2018. 4. 12). 천호역 주변 청년 임대 주택 건설에서도 상황은 비슷했다(《한겨레》, 2018. 4. 12). 마포구 서교동 청년 주택 건설에서도 크게 다르지 않았다(안상철, 2017). 대학가가 밀집한 서대문구 연희동에서도 주민들의 반대가 심했는데 잘못된 정보와 혐오 여론이 조성되기도 하였다(《한겨레》, 2019. 12. 23). 청년 주택 건설로 지역 이미지가 실추되어 부동산 가격이 하락하는 것을 우려하는 목소리가 높았고 기존 임대 시장의 수익성이 악화될 것이라고 주장했다. 강남 역세권 청년 주택 건설도 혐오 표현이 난무하는 등 반대가 심했다(《한국경제》, 2021. 8. 4). 영등포구에서는 청년들이 행복주택 건립 반대에 대한 반대 시위를 하면서 주거권 보장을 요구하기도 했다(《매일경제》, 2018. 5. 12).

저소득, 장애인, 노인을 우선 입주하도록 배려한 것이 오히려 결과적으로 빈곤의 집중이라는 (정책의 의도치 않은) 결과를 가져오기도 한다. 소득 수준이 낮고 사회 보호가 필요한 계층에 대해서는 더 저렴한 영구 임대 주택 등에 입주할 때 우선 순위를 부여한다. 이러한 정책은 제한된 공적 재원을 배분할 때 사회적 취약 계층을 배려하기 위해서다. 문제는 이로 인해 저소득, 노인, 장애인 등이 오히려 집중적으로 거주하는 주거지가 형성되는 것이다. 또한 영구 임대 주택은 소득 기준이 초과되지 않는 한 지속적인 거주가 보장되므로, 입주자의 순환이 지극히 적어 입주자 연령이 높다. 이에 따라 영구 임대 주택 단지에 입주한 세대를 보면 기초 생활 수급자, 노인, 장애인의 비중이 높기도 하다.●

누구를 위한 민원인가

2019년 국민권익위원회는 민원 정보 분석 시스템에 수집된 민원을 분석하여 발표하였다. 2017년 5월부터 2019년 6월

● 영구 임대 주택에 관하여 다음을 참조하라. "가난하게 태어나서 가난하게 죽는다," 〈한겨레21〉, 2010. 3. 24.

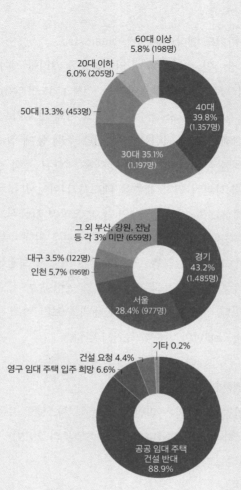

60대 이상
5.8% (198명)

20대 이하
6.0% (205명)

50대 13.3% (453명)

30대 35.1%
(1,197명)

40대
39.8%
(1,357명)

그 외 부산, 강원, 전남
등 각 3% 미만 (659명)

대구 3.5% (122명)

인천 5.7% (195명)

서울
28.4% (977명)

경기
43.2%
(1,485명)

기타 0.2%

건설 요청 4.4%

영구 임대 주택 입주 희망 6.6%

공공 임대 주택
건설 반대
88.9%

연령별 신청 현황, 지역별 민원 현황, 공공 임대 주택 찬반 민원 현황

(출처: 국민권익위원회, 2019)

까지 수집된 민원 중 공공 임대 주택과 관련한 민원은 총 3,573건에 이른다. 문재인 정부에서 역점을 두고 추진한 주거 복지 사업 중 하나가 공공 임대 주택 확충이었다. 그동안 미흡했던 저소득층 주거 안전망을 강화하려 한 것이다. 공공 임대 주택과 관련된 민원을 보면, 연령대로는 40대가 많고, 지역별로는 경기도와 서울에서 민원 신청이 많았다. 이해관계별로는 임대 주택 거주자들이 43.6%, 임대 주택 예정지 주민이 31.4%, 입주 희망자 17.3% 순이다. 현재 거주자인지 인근 거주민인지에 따라 민원의 내용은 상이하다. 현재 임대 주택 거주자는 분양 전환 임대 주택에 대한 분양 전환 가격 등 입주 요건과 거주 요건에 대한 문의가 많고 임대 주택의 시설 및 환경 개선에 대한 것이 주를 차지하고 있다. 그러나 임대 주택 예정지 주민의 경우, 대다수가 임대 주택 건설을 반대하거나 공사 현장 불편에 대한 불만을 호소하고 있다.

　민원 유형별로 보면, 가장 많은 민원은 공공 임대 주택 건설 찬반에 대한 것이다. 임대 주택 건설을 반대하는 것이 88.9%로 절대다수를 차지하고 있고 민원의 형태가 집단 민원이라는 것이 특징적이다.● 공공 임대 주택 건설 반대 관련

●　고양시 □□공공 주택 지구 내에 행복주택 물량 확대를 반대하는 민원이 767건이 발생했고, 지속적으로 같은 내용과 제목의 민원이 접수되었다.

주요 민원 사례를 보자(국민권익위원회, 2019).

"고양시 ㅁㅁ지구 ○○블록 행복주택 전환 반대"
2017년 ㅁㅁ지구 분양받을 때 공공 분양이라고 도시 계획이
예정되어 있었는데, 어느 순간 행복주택으로 변경되었습니
다. 타 택지 지구와 형평성에 맞게 공공 분양으로 바꾸어 더
이상 지축 지구 입주민들이 피해를 보지 않도록 요청합니다.

"분당구 ㅁㅁ동 행복주택 부지를 인근 다른 곳으로 옮길 수
없나요?"
분당구 ㅁㅁ동 ○○번지에 행복주택이라는 명목으로 임대 주
택을 지으려고 하고 있어 주민들과 마찰이 있습니다. 이번에
계획하고 있는 ㅁㅁ동에 3000세대라는 엄청난 인구가 들어
올 경우 교통, 교육에 막대한 악영향을 줄 수 있는데도 전혀
대책이 세워지지 않은 채 지구 지정을 하려고 하고 있습니다.

공공 임대 주택을 건설해 달라거나 영구 임대 주택에
입주를 희망하는 민원과 같이 건설을 찬성하는 경우도 11%
에 달한다. 예를 들면, 영구 임대 주택의 면적 확대, 국민 임
대 주택 공급 확대, 신혼부부를 위한 공공 임대 공급, 청년
용 행복주택 건설 요구 등이 있다. 공공 임대 주택 건설 확

대 및 입주 희망 관련 주요 민원 사례를 보자(국민권익위원회, 2019).

"3인 이상 살 수 없는 영구 임대 아파트"
영구임대아파트는 너무 좁아서 2인 이상은 살기가 어렵습니다. 저소득 계층이 편안한 삶을 살 수 있도록 좀 더 큰 평수가 있어야 한다고 봅니다. 현재 23㎡인데 1인, 2인은 살 수 있지만 3인 살기에는 너무 좁다고 생각합니다.

"신혼부부로 집을 구하기가 너무 힘드네요"
신혼부부 주택 공급 수를 늘린다고 하는데 용인시 거주자여서 수도권(서울)에 있는 집을 지원하기도 어렵고, 주택 청약 저축도 용인 거주자여서 분당도 판교도 2순위라 안 되고 용인 신혼부부를 위한 임대 주택 정책은 없나요? 강남으로 출근하는데 점점 더 강남과 멀어지고 있습니다.

"성남시 국민 임대 주택 건설 요청"
성남시에 거주하는 한부모 가정입니다. 매번 국민 임대 공고를 기다리고 있지만 가끔 올라오는 공지에는 떨어지기 일쑤고 공고 자체가 올라오지 않아 너무 애가 탑니다. 집값은 매번 올라 2년마다 아이와 좁은 집으로 이사 다니기 너무 버겁고 힘겹습니다. 매번 네이ㅇ 임대아파트 카페에 도대체 성남 국임 공고는 언제 올라오냐는 문의글이 쇄도합니다. 성남시 임대아파트 건축 좀 많이 해주세요.

이러한 공공 임대 주택 건설에 대한 찬반 민원 이외에 주소지에 드러나는 영구 임대 주택이라는 명칭으로 인한 호소도 발견된다. 즉 학생 주소란에 영구 임대 아파트라는 명칭이 나타나는 좋지 않은 사례로 인한 인권 침해를 시정 해 줄 것을 요구하기도 한다. 우편물 주소지에 영구 임대 아 파트라고 명시되면서 차별받는 사례도 발견된다. 다음 사례 를 보자(국민권익위원회, 2019).

"영구 임대 아파트 주소 인권침해 문제"
ㅁㅁ시 중학교 교사로 나이스neis 정리 중 문제점을 발견하여 개선을 요청합니다. 나이스 '기본학적 주소란'을 보면 도로명 주소를 선택하여 자동으로 아파트 명이 붙습니다. 그런데 일 부 학생의 주소란에 '영구임대아파트'라는 명칭이 나타납니 다. 공문서에 학생 신분을 나타내는 좋지 않은 사례입니다. 살피시어 빠른 개선바랍니다.

"임대 아파트 주소 문제점"

저는 임대 아파트에 거주하고 있습니다. 임대 아파트에 살고 있는 것도 서러운데, 정부나 각종 주소지가 영구 임대 아파트라고 해서 우편물이 발송되어 작년에 행안부에 민원을 제기했는데 지금도 인터넷에 영구 임대 아파트로 나옵니다. 돈 없이 사는 사람들 무시하는 것입니까?

소득 수준이 다양한 이들이 함께 공존하는 거주지를 만들려는 노력은 중앙 정부, 지방 정부, 주민, 학교 등을 통해 확대되면서 한편으로는 혐오와 차별도 재생산되고 있다. 다른 나라에서는 다양한 소득 계층이 함께 어울려 공존하는 주거지 조성을 위한 노력이 없는지, 그 과정에서 어떤 마찰은 없는지 살펴보자.

3. 사회적 혼합을 시도하다

미국에서는 공공 임대 주택이 빈곤한 소수 인종이 밀집한 곳으로 악명이 높았다. 지금은 더 이상 공공 임대 주택을 대규모로 건설하는 일은 지양하고, 주거비 보조를 통해 민간 시장에서 주택을 선택하도록 하는 방식이 확대되고 있다. 기존의 공공 임대 주택은 전면 철거하고 소득 계층이 혼합된 단지로 새로 건설하고 있다. 또한 일반 주거 단지 개발 시 고소득층만의 주거지가 되지 않고 다양한 소득 계층이 거주할 수 있도록 하는 포용 주택 공급 방식이 적용되고 있다. 포용 주택inclusionary housing 또는 포용적 지역 지구제 inclusionary zoning는 시장 기제를 활용하여 부담 가능한 주택 affordable housing을 공급하고 사회적 통합을 증진시키려는 계획 기법과 이를 통해 공급된 주택을 의미한다. 민간 개발업자에게 저렴한 주택을 개발에 포함시키도록 강제하거나 이를 위해 인센티브를 제공하는 프로그램, 규제, 법 제도를 통칭한다. 이를 위한 방법은 동일한 개발지나 건물에 저렴한 주택을 혼합하거나 아니면 사회 주택 또는 부담 가능한 주택을 건설하기 위한 토지나 금전적 형태로 개발 이익을 환수하는 방식이다(Calavita & Mallach, 2010).

포용 주택 제도는 1970년대 미국에서 시작되어 점차 캐나다, 서유럽으로 퍼져나갔고, 최근에는 호주, 인도, 남아프리카로까지 확산되고 있다. 미국의 경우 자선 사업가들이 부담 가능한 주택을 공급했는데, 점차 참여 주체가 확대되었다. 1960년대에 미국 정부는 민간 개발업자가 부담 가능한 주택을 공급하게 하기 위해 자금을 지원하기 시작하였다. 그러나 이때도 개발업자들이 건설하는 부담 가능한 주택 단지가 이전 세기에 지어진 공공 임대 주택처럼 일반 주거지에서 멀리 떨어진 형태로 분리된 형태로 건설되었다. 이러한 배경에는 배타적 지역 지구제exclusionary zoning가 자리잡고 있었기 때문이다.

미국에서 포용 주택이 공급되기 시작한 바탕에는 시민권 운동이 자리하고 있다. 미국 사회에 팽배한 인종 분리와 배타적 지역 지구제 사이의 밀접한 관계를 인식하게 된 것이 포용 주택 공급의 기저에 자리하고 있다. 포용적 지역 지구제라는 용어 자체가 전통적 토지 이용 규제 시스템인 '조닝'을 일컫는 배타적 지역 지구제의 대척점에 자리하고 있음을 의미한다.

포용 주택 프로그램이 처음 도입된 것은 1970년대 초반으로 샌프란시스코와 워싱턴 D.C. 주변의 부유한 카운티와 교외 지역이었다. 특히 1971년 버지니아주의 페어팩스 카운티에서 최초로 용도 지역 지구 조례zoning ordinance를 통해 포용 주택 건설 의무 기준inclusionary requirements을 명문화하였다. 그 내용은 개발업자들이 신규 주택이나 아파트 건설 시 15%를 저렴한 주택으로 할당해야 한다는 것이다. 캘리포니아주의 팔로알토와 부유한 교외 지역인 메릴랜드의 몽고메리 카운티에서도 여전히 포용 주택 공급에 관한 조례가 적용되고 있다(박미선, 2020).

2021년 미국 전역에서는 31개 주와 워싱턴 D.C. 등 주

정부와 함께 734개의 지방 정부에서 총 1,019개의 포용 주택 제도를 채택하고 있다(Wang & Balachandran, 2021). 그중 80%가 뉴저지주(287개), 캘리포니아주(228개), 매사추세츠주(236개) 등 3개 주에 집중적으로 분포하고 있다. 모두 주택 가격이 높아 시장 가격보다 낮은 저렴한 주택의 공급에 대한 요구가 큰 지역이라는 특징이 있다.

포용 주택을 공급할 때 주택 단지 내에 또는 인근에 건설할 수 있다. 각기 장단점이 존재한다. 같은 단지 내에 포용 주택이 건설된 사례 중 샌프란시스코의 고급 아파트 건물 안에 포용 주택이 공급된 예를 보면 장단점을 가늠할 수 있다. 이 아파트는 지역 특성에 맞추어 최고급 단지에 최고급 설비를 구비하고 있다. 총 750호 중 12%를 저소득층이 부담 가능한 주택으로 임대하는 의무 규정을 적용받았다. 입주한 저소득 주민 중에는 잠시 홈리스로 살다 노숙인 쉼터에서 이곳 포용 주택으로 이주한 사람도 있다. 그는 가족이 함께 좋은 환경에 거주하여 기쁘지만 다른 한편 매우 거북하고 이상한 삶이라고 표현한다. 그 아파트 전체에 아이가 있는 가정은 한 곳도 없는 반면, 반려견을 위한 목욕 시설과 산책 서비스가 제공된다고 한다. 이러한 삶의 이질성을 극단적으로 드러낸다.

한편, 인근에는 건물 전체를 포용 주택으로 독립적으로

개발한 경우도 있다. 커뮤니티 개발 회사에서 190호 전체 건물 동을 중저소득층이 거주할 수 있도록 저렴하게 개발했다. 인근에 최고급 아파트를 건설하는데 그곳에 포용 주택을 건설하지 않고 인근에 포용 주택을 건설하는 것을 택했기 때문에 가능한 사업이었다. 앞서 공급된 동일 건물 내 혼합 방식은 공공의 입장에서는 긍정적 효과가 발생할 것이라고 믿고 선호한다. 후자의 경우, 개발업자의 편의에 따라 포용 주택이 더 안 좋은 입지에 밀집될 우려가 제기된다. 그러나 앞선 이질적 삶의 양식이 공존하는 사례를 보면, 반드시 직접 혼합이 최고의 선택인지에 대해서는 더 많은 고민이 필요하다.

　　뉴욕시에서도 사회 통합이라는 본래 목적을 왜곡한 사례를 볼 수 있다. 2009년 뉴욕시는 용도 지역 지구제 방식을 변경하여 포용적 지역 지구제로 포용 주택을 별도 건물로 건설할 수 있도록 허용하였다. 한국의 분양 주택과 임대 주택 혼합 단지에서 임대 주택을 별개 동으로 건설한 방식과 유사하다. 이렇게 포용 주택을 별도로 건설하는 것은 경제적으로 효율적이어서 개발업자들이 선호하는 방식이지만, 다른 많은 도시에서는 이런 방식을 금하고 있다. 그런데 뉴욕의 한 건물에서 초고가 아파트 전용 출입구와 저소득 임차인 출입구를 따로 배치해 논란이 일었다. 초고가 아파트

(약 350억 원) 전용 출입구와 월세 100만 원을 지불하는 임차인의 출입구를 분리한 것이다. 이에 뉴욕주 의회 의원은 그러한 출입구 분리에는 차별적 요소가 있다고 주장했다. 언론에서도 이를 크게 다루었다(*New York Times*, 2014. 7. 27). 이는 뒤에서 살펴볼 영국에서도 나타난 '가난한 이들이 다니는 문poor door'이라는 저소득층 차별 전략과 일맥상통한다.

영국에서도 주택 건설 시 다양한 소득 계층의 공존과 사회 통합을 위하여 부담 가능한 주택이나 사회 주택social housing 건설을 요구하는 경우가 많다. 일반 분양 주택 건설에 반드시 사회 주택이 혼합되어야 하며 계획 수립 시 이를 반영해야 하고, 그렇지 않은 경우 건설 허가를 불허한다. 이런 제도적 장치에도 불구하고 저소득층을 차별하는 사례가 곳곳에서 나타난다.

런던 남부의 한 학교 부지를 주택 단지로 재건축할 때 발생한 일이다(*The Guardian*, 2019. 3. 25). 이 단지는 부담 가능한 주택과 사회 임대 주택을 반드시 혼합해서 건축해야 하는 조건으로 허가를 받았다. 기존에 학교로 사용되던 부지였기 때문에 가족 친화적이고 포용적인 단지로 총 149호 주택이 건설될 예정이었다. 당연히 모든 입주민이 사용할 수 있는 공용 공간을 조성하게 되어 있었다. 그런데 개발 허가를 받고 나서 설계 변경이 이루어졌는데, 이때 사회 주택 입주민들이 공용 놀이터에 접근할 수 없게 변경되었다. 사회 주택에 거주하는 아이들이 분양 주택에 거주하는 친구들과 같은 놀이터에서 놀 수 없게 되었다. 아이들은 누가 분양 주택에 거주하는지, 임대 주택에 거주하는지 모른다. 이는 어른들이 만들어 낸 일이다. '가난한 이들이 다니는 문'이 연상되는 상황이 벌어진 것이다. '가난한 이들이 다니는 문'이란 사회 주택과 일반 주택이 혼합 건설된 경우에 일반 주택이 포함된 아파트에서 사회 주택 주민들은 옆문을 이용하도록 만들어서 생긴 말인데, 이와 유사하다.

해당 지자체에서 허가를 받은 도면에서는 원래 중앙 놀이터에 모든 입주민이 접근할 수 있도록 설계되어 있었다. 그런데 입주민이 입주하기 전에 디자인이 변경되면서 사회 주택 입주민이 거주하는 곳에서 놀이터로 가는 길에 통행이 불가능하도록 장벽이 설치된 것이다. 저소득 주민과 함께 거주하도록 고안된 단지에서 이들을 차별하는 방식은 전 세계적으로 닮아 있다. 심지어 이 주택 단지가 건설된 부지는 이전에 공립 학교로 사용되던 곳이다. 개발업자 측에서는 이를 차별이라고 생각하지 않는다고 말했다. 오히려 사회 주택 입주민이 해당 공간에 접근하지 않아, (서비스 비용을 지불하지 않게 되니) 이는 차별이 아니라 오히려 공평하고 합리적인 일이라는 것이다.

런던 북부 캠던에서도 놀이터가 분리된 사례가 있다. 이 단지가 더 나쁜 것은, 놀이터 위치가 루프탑에 있고 부유한 가정 아이들이 가난한 아이들을 내려다보는 구조로 만들어진 것이다. 가난한 아이들은 높은 곳에 위치한 놀이터에 접근할 수도 없고, 부잣집 아이들은 높은 곳에 있는 그들만의 놀이 공간을 사용한다. 시선과 위치를 통한 상하 관계, 주종 관계의 욕망을 드러낸 설계로 보인다. 이러한 설계는 부의 차이에 따라 차별해도 되는 관계라는 생각을 재생산하는 기제로서 공간과 설계가 남용된 사례다.

이렇게 '가난한 이들이 다니는 문'을 이용한 차별, 어린이 놀이터에 접근을 못하게 하는 차별이 보도되면서 논란을 불러일으켰다. 부유한 입주자들이 사는 단지에 사회 통합을 위해 함께 개발된 부담 가능한 주택이나 사회 주택 입주민들이 같은 공간과 출입구를 사용하지 못하는 사례가 보도되면서 사회적 논란이 생긴 것이다. 물론 그 후 런던시에서는 향후 주택 개발 시 놀이터 차별을 금지하겠다고 발표하였다(*The Guardian*, 2019. 7. 19). 또한 앞서 논란을 야기한 사회 주택 입주자들의 사용을 막은 놀이터를 만든 개발업자는 장벽을 철거하고, 차별에 대한 사과와 함께 모든 입주자가 함께하는 파티를 열었다.

일련의 사건 이후에 커뮤니티 부서 담당 장관(국토부 장관에 해당)이 나서서 앞으로 영국에서 신규 주택 개발 시 놀이터를 차별하는 일은 없도록 하겠다고 선언하였다. 런던시와 뜻을 같이하며, 앞으로는 정부에서도 영국 전역에서 건설되는 주택 단지에서 공간을 이용하는 데 차별이 발생하지 않도록 하겠다고 발표하였다. 차별 단지를 건설하는 것은 도덕적으로 용납할 수 없는 일이다. 이들 사건은 모든 주택 단지는 거주민 모두에게 포용적이어야 하고, 점유 형태에 따라 차별받아서는 안 된다는 것을 사회적으로 인정한 일로 의미가 있다.

4. 차별과 배제를 재생산하는 주거지에서 통합적 주거지로

손낙구(2008)는 부동산이 지배하는 한국 사회의 불평등과 차별을 논의하며 부동산 계급 사회라는 개념을 제시하였다. 총 6계급으로 나누어 가장 상위의 1계급은 다주택자, 2계급은 집을 1채 소유하고 그 집에 거주하는 이, 3계급은 집은 마련했으나 경제적 이유로 남의 집에서 세 살이를 하는 이, 4계급은 셋방살이를 하는 사람 중에도 보증금이 5,000만 원을 넘는 경우이고, 5계급은 보증금이 5,000만 원 미만이

거나 보증금 없는 월세를 사는 사람, 마지막 6계급은 지옥고라고 불리는 반지하, 옥탑방, 고시원, 비닐하우스 등에서 사는 주거 빈곤층이다.● 이뿐 아니라 임대 아파트에 사는 경우거지라는 접미사를 붙이고, 아파트가 아니라고, 자가여도대출을 받았다고 비하하는 등 주거 형태에 따른 혐오가 심각해지고 있다. 처음에는 주공 거지로 시작하여, '휴거,' '엘거,' '부거'(민간 건설사 중 임대 주택을 많이 지은 부영아파트+거지), '임대충'(임대 아파트에 사는 이들은 벌레에 비유하여 비하하는 표현)까지 확대된다. 이에 더해 아파트가 아닌 빌라에 사는 경우를 '빌거'(빌라 거지)로 부르고, 대출받아 집 한 채 마련한 사람을 '대출 거지'라 부르며 비하한다. 상황이 이렇다 보니, 소득이 낮은 이들을 배려하기 위해 지어진 임대 주택이 인근에 있다는 것, 인근에 생길 것 자체에 대한 혐오가 아무렇지도 않은 듯 점차 확대된다.

지그문트 바우만Zygmunt Bauman이 이야기한 혼합 공포증mixophobia 개념으로 임대 주택 거주자에 대한 차별을 설명해 볼 수 있다. 혼합 공포증은 다양성과 다름의 바닷속에살면서 사람들이 유사성과 동질성의 섬으로 가려는 경향을

● 물론 이런 구분을 제시한 때가 2008년이니, 10여 년이 지난 현재는 당시보다 더 세분화되거나 더 높은 금액 기준으로 업데이트 가능할 것이다.

비꼬아 설명할 때 사용된다. 혼합 공포증의 증상으로는 사람들이 나와 다른 이들과 살아가는 데 필요한 기술을 잊어버리거나 배우려고 하지 않고, 또한 낯선 이와 대면 접촉하여 만나는 것을 점점 두려워하게 되는 것을 들 수 있다. 시간이 경과하면서 이방인은 점차 두려운 존재가 되고 이해할 수 없는 존재가 되어 나의 삶과 다른 이들을 동화시킬 수 있는 상호 의사소통이 점차 어려워진다. 나와 다른 이들과 함께 거주하는 것에 대한 공포심을 스스로가 폐쇄된 공간으로 가거나 그들을 차별하거나 혐오 표현으로 차단하는 것이다(Scanlan, 2009; 강준만, 2019).

아파트라는 표준화된 물건을 통한 자산 증식이 흔한 사회에서는 자신이 거주하는 주택의 자산 가치 상승이 지고지선의 지향점으로 인식한다. 반대로 자산 가치를 하락시키는 것은 악이라는 이분법적 사고가 만연해 있다. 이런 사고가 팽배해지면 가장 취약한 계층이 사는 공공 임대 주택이 비하의 대상이 된다. 공공 임대 주택이 공급된 역사는 짧다. 정책적으로 시행착오를 겪고 있지만, 이런 혐오와 차별에 대해 공공 부문에서도 대응 방안을 마련해야 한다. 저소득층 주거지 설계에 공을 들이고, 주거지 차별을 금하도록 법 제도를 정비해야 한다. 특정 지역에 임대 주택이 밀집되지 않도록 모든 지자체에 일정 비율의 임대 주택을 확보하는 노력이 필요하다.

국내외를 막론하고 다양한 소득 계층이 함께 공존하는 주거지를 조성하려는 노력은 지속되고 있다. 쉽게 달성되지는 않을지언정, 사회가 추구할 가치이기 때문이다. 인간은 누구나 남들과는 다르다는 것을 표현하고자 하고 이를 위해 다른 이들과의 경계를 만든다. 이는 다름에 대한 인정을 바탕으로 하는 것이지 나와 다른 점이 틀리다는 것을 의미하는 바는 아니다. 임대 주택 주민을 비하하고 차별하는 것은 나와 다른 곳에 사는 이를 틀렸다고 여기고 더 나아가 못났다, 뒤처진다, 하급이다라고까지 생각하는 것은 잘못된 사고방식이다. 이러한 사고방식을 아이들이 그대로 배우고 재생산되도록 방치할 것인가? 아파트의 자산 가치를 보호하기 위해 사회적으로 취약한 이들을 차별하고 혐오할 것인가.

임대 주택의 정책적 목표에는 임대 주택 입주자 소득 수준을 높여서 중산층까지 포괄하려는 의도가 있다. 이를 위해서는 임대 주택과 분양 주택이 품질 면에서도 차이가 없어야 한다. 추가적으로 임대 주택에서 다양한 서비스를 제공하고 이를 지역 주민 모두 사용할 수 있게 하여 지역 사회의 거점이 된다면 조금씩이나마 새로운 가능성이 열릴 수 있다. 또한 소득 수준이나 점유 형태 등을 이유로 주택을 통해 차별이 발생하지 않도록 차별금지법 또는 공정주택법Fair

Housing Act과 같은 제도적 장치도 마련해야 한다. 공공 임대 주택을 둘러싼 차별과 혐오를 없애기 위해 우리 사회는 많은 노력을 해야 할 것이다.

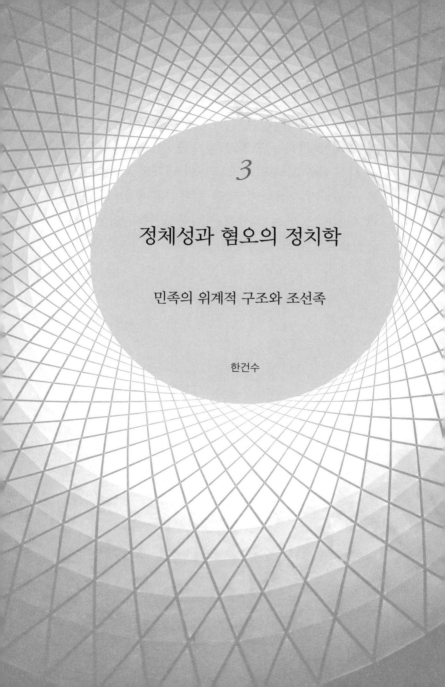

3

정체성과 혐오의 정치학

민족의 위계적 구조와 조선족

한건수

"

한국 사회에서 전통적 민족 담론이 강력했던 시기에는 같은 한민족이라는 민족 정체성을 선택한 조선족의 정체성 선택이 긍정적 평가를 받았다. 하지만 한국 사회 내부에서 민족과 국민이 별개의 범주이며 이를 구분하기 시작하며, 국민 정체성을 우선하는 담론과 실천이 늘면서 조선족은 같은 민족이 아닌 중국 국민으로 간주되기 시작했다.

"

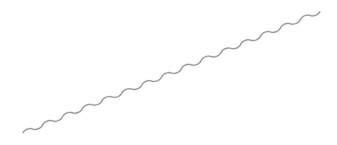

조선족은 이주를 통해 형성된 한민족 디아스포라(이산) 공동체다. 한반도에서 전 세계로 퍼져 나간 한민족은 이주 시기와 거주국의 정치 및 사회 구조에 따라 다양한 정체성과 삶의 방식으로 민족 공동체를 형성해 왔다. 중국으로 이주한 한민족은 '조선족'이라는 소수 민족으로서 정체성을 구축했고, 연해주를 거쳐 중앙아시아로 이주한 한민족은 '고려인'이라는 민족 정체성을 오늘까지 유지하고 있다. 일제 강점기에 일본으로 이주한 한민족의 후예는 식민 지배국의 소수자로 오랜 차별을 이겨냈다 하지만 분단된 한반도의 영향으로 민족 공동체 역시 '조총련'과 '민단'으로 나뉘어 분단된 경험을 해야 했다. 일본에 거주하는 한민족은 세대를 내려오면서 오늘날에는 스스로를 '자이니치在日'로 규정하고 있다. 대한민국 수립 이후 본격적인 이민 행렬로 북미와 중남미, 유럽과 전 세계로 이주한 해외 동포들은 거주국의 국민으로 다양한 한민족 디아스포라(이산) 공동체를 형성하며 본국과

의 연대를 이어 나가는 중이다.

이 장에서 집중적으로 분석하고자 하는 조선족은 한반도와 육로로 연결된 중국에 거주하고 있고, 상대적으로 오랜 이주와 정착 역사를 지니고 있다. 또한 이들은 지난 30여 년 동안 본국으로의 귀환 이주를 통해 국내에서 가장 큰 규모의 귀환 민족 공동체를 이룬 한민족 집단이다.

조선족의 귀환 이주는 1988년 서울올림픽 이후 시작되었다. 조선족은 친족 방문, 결혼 이민자, 이주 노동자, 방문 취업자, 재외 동포 등 다양한 출입국 자격으로 한국으로 이주했다. 국내에 체류하며 정부에 등록된 조선족은 2021년 7월 31일 기준으로 62만 4,753명이다(법무부 출입국외국인정책본부, 2021). 재한 조선족의 규모는 2018년 70만 8,082명에 달했으나, 코로나19의 영향으로 숫자가 줄고 있다. 이들 중 35만 3,308명은 거소 신고를 유지하고 있다. 조선족 중 11만 8,245명은 방문 취업 자격으로 체류하고 있으며, 2만 2,375명은 국제결혼을 통해 국민의 배우자 자격으로 체류하고 있다.

조선족은 중국 정부가 공식적으로 분류한 55개 소수 민족 중 하나로 중국 정부에 의해 '조선족'으로 호명되고 있다. 조선족 역시 자신들의 '조선족' 정체성을 자랑스럽게 유지해 왔다. 한국에서도 귀환 이주가 시작된 1987년 이래 조선족은 이들의 공식 호칭이자 정체성이었다. 그러나 최근 국내 체류 중인 조선족은 자신들의 호칭을 조선족에서 '재중동포'로 변경해 달라고 요구하고 있다. '조선족'이라는 호칭이 한국 사회에서 차별과 혐오의 표현으로 자리 잡았다는 이유 때문이다.

한국 사회로 이주한 조선족은 자신들의 집단 정체성을 형성하는 과정에서 한국 사회의 대응에 따라 상호 작용하며 적응해 왔다. 초기 이주자들은 같은 민족으로 조상의 땅으로 귀환했다는 기대와 감격을 지닌다. 그러나 곧 조선족 이주민은 자신들을 바라보는 온정주의적 시각에 직면했다. 가난한 나라에서 온 불쌍한 동포라는 한국 사회의 인식은 차별적 시선과 뒤엉켰고 조선족 이주민 사회 역시 한국 사회의 동정과 차별에 대응하면서 정체성의 변동을 겪어야 했다. 조선족은 외국인 이주 노동자와 같은 취급을 받을 때는 자신들은 외국인이 아니라 같은 민족임을 강조했고, 가난한 나라에서 굶주림을 피해 온 불쌍한 동포로 동정을 받을 때는 강대국인 중국 국민이라는 국민 정체성으로 대응했다. 중국 경제가 급속도로 발전하고, 중국이 미국과 경쟁하는 실질적인 초강대국으로 성장하면서, 한국의 조선족 사회 역시 자신들의 정체성을 어떻게 유지해야 하는지 고민하게 되었다. 한국으로 이주하는 조선족의 학력이나 인적 자본이 과거에 비해 변화했고, 조선족 청년은 이주 목적지로 한국보다는 중국의 발전하는 대도시나 일본과 유럽, 북미를 선호하기 시작한 것이다. 한국 사회의 조선족 역시 집거지集居地를 확대해 가며 한국에서의 생활과 정체성에 많은 변화를 겪고 있다.

조선족을 바라보는 한국 사회의 관점도 상황의 변화에 대응하여 요동치고 있다. 같은 민족으로 경제적 어려움을 해결하기 위해 한국으로 이주한 조선족을 향한 온정주의적 시각에서 이제는 조선족 집거지가 확대되고 조선족 자산가들이 일부 등장하면서 경계와 혐오의 시선으로 전환되었다. 한국인과 조선족이 취업과 영업 등 다양한 경제 영역에서 경쟁하고 있기 때문이다. 건설 노무 인력 시장에서는 이미 오래전부터 한국인 노무자와 조선족 노무자 간 경쟁이 치열하다. 조선족 집거지의 부동산과 인근 상권을 조선족이 점유하면서 한국인 주민과 상인이 밀려나기도 했고, 이들 지역의 부동산 가격과 상가 권리금의 상승은 일부 조선족의 경제력을 크게 강화하기도 했다.

조선족에 대한 한국 사회의 인식은 한국과 중국의 외교 관계에 따라 영향을 받기도 한다. 특히 중국의 동북공정이 역사에서 문화로까지 확대되고 있다는 인식은 갈등을 더욱 조장하고 있다. 인터넷 공간에서 벌어지는 한중 누리꾼들의 무분별한 표현과 주장이 맥락에 대한 설명이 없거나 잘못

2018년 1월 2일 새벽 구로 인력 시장에서 중국인과 조선족이 사거리 한쪽에
모여 있다. 건설 노무 인력 시장에서는 이미 오래전부터 한국인 노무자와 조
선족 노무자 간 경쟁이 치열하다. (사진: 〈연합뉴스〉)

된 정보로 확대 재생산되고 있다. 이러한 갈등이 악화되면서, 국내에 체류 중인 조선족에 대한 인식도 나빠지고 있다. 즉 조선족 이주민을 같은 민족이라는 공통점보다는 국적이 다른 외국인으로 간주하여 '중공인'으로 비하하거나 반중국 감정에 연계시키는 풍조가 늘어나면서, 조선족에 대한 차별과 혐오 표현의 증가도 관찰되고 있다.

이 글에서는 조선족을 향한 이러한 차별과 혐오 문제를 글로벌 한민족 디아스포라 공동체를 바라보는 한국 사회의 위계적 구조와 시각을 중심으로 살펴보고자 한다. 전 세계에 흩어져 있는 다양한 한민족 이산공동체가 속한 국가나 지역의 경제적 지위나 위상에 따라 해당 공동체를 서열화하거나 특정 지역의 한민족 공동체를 차별하는 관행을 말한다. 예를 들면, 조선족이나 고려인을 재미 동포나 선진국으로 이주한 한인 공동체에 비해 하층 위계에 편입시켜 차별하는 것이다.

오늘날 국내에 체류하는 조선족 이주민이 '조선족'이라는 호칭을 포기하면서까지 혐오의 문제를 제기하게 된 것은 이처럼 복합적이고 다양한 구조적 문제를 지니고 있다. 조선족 사회를 향한 혐오와 차별의 문제를 중국-조선족-한국 사회의 연결 구조와 한국 사회 내부에서 제기되는 위계적 민족 구조, 그리고 조선족에 대한 혐오와 차별의 문화적 논리를 중심으로 분석하고 개선할 방향을 논의할 것이다.

1. 조선족 이주의 역사와 민족 정체성

조선족은 이주를 통해 형성된 한민족 집단이다. 한반도와 인접한 만주 지역으로 19세기부터 이주해 나간 한민족의 후손들로 전 세계에 흩어진 한민족 공동체 중 가장 오랜 이주의 역사를 지니고 있다. 조선족은 만주에 정착한 이래 동아시아의 국제 정세 속에서 역사의 질곡을 이겨내며 오늘에 이르렀다. 중국(중화인민공화국) 건국 이후 중국의 주요 소수민족 공동체로 공고한 지위를 만들었고, 중국의 개혁 개방 이후 한국을 비롯한 세계 여러 곳으로 국제 이주를 통해 이제는 전 세계에 걸친 조선족 이주 네트워크를 만들어 내기도 했다(이장섭, 2017). 조선족을 이해하는 데 그들의 이주 역사는 매우 중요하다.

조선족의 만주 이주

청은 만주에서 세력을 키워 중국 전역을 지배하는 왕조를 세운 후, 자신들의 기원지인 만주 지역을 다른 민족으로부터 보호하기 위해 봉금 정책封禁政策(이민족의 유입을 차단하는 정책)을 실시했다. 만주로의 이주를 단속하기 위해 청은 특히 조선인의 이주를 경계했으며, 17세기에는 조선인의 월경을 단속하기 위해 조선 왕실을 압박하기까지 했다. 청의 만주 지역 통제는 19세기 들어 만주 지역이 황폐해지자 더 이상 지속될 수 없었다. 청은 만주 지역의 황무지를 농경지로 개간하기 위한 초간 정책招墾政策(황무지를 농지로 개간하는 정책)을 시작했고(권향숙, 2015: 26~27), 1867년부터 그 정책을 추진하기 위해 만주 지역의 출입을 풀며 조선인을 수용했다.

청나라의 만주 개간은 연속된 흉년(1869년과 1870년)으로 기아와 곤궁에 빠졌던 조선 농민들에게 새로운 기회를 제공했다. 처음에 이들은 농사철에 농사를 짓기 위해 만주로 갔다가 수확 후 고향으로 돌아오기도 했다. 하지만 청나라가 봉금령을 두만강 인근까지 해제한 1880년 이후에는 만주로 영구 이주하는 조선 농민이 늘어났다.

일본의 강압적 식민 통치 역시 조선인의 만주 이주를 가속시켰다. 조선이 일본의 식민지로 전락한 1910년에 22만 명 정도였던 만주의 조선인 규모는 1930년대 들어 60만 명으로 급증했다. 농사를 지을 땅을 찾아 만주로 이주하던 조선인뿐만 아니라 일본의 침략에 저항한 항일 운동 및 독립운동가의 이주도 늘어났다. 한반도에서 만주로 본격적인 대량 이주가 발생한 것은 1930년대다. 일제가 만주국을 세우고 국가 건설에 필요한 노동력을 충원하기 위해 조선인의 대규모 만주 이주를 추진했기 때문이다.

조선총독부는 1936년 자신들이 세운 만주국과 '재만조선인지도요강'을 수립했다. 조선총독부는 '선만척식회사'를 그리고 만주국은 '만선척식회사'를 각기 설립하였다. 이 두 기관은 만주 개척 사업을 총괄하고 조선인을 이주시키는 이민 사무도 관장하였다(국사편찬위원회, 2011, 2013; 이현정, 2001: 68). 조선총독부와 만주국의 노동 이주와 농지 개척 사업의 결과로 1940년 무렵에는 만주에 145만 명에 달하는 조선인이 거주할 정도로 규모가 확대되었다(Kwon, 2001: 21).

만주로 이주한 조선인은 이후 동아시아의 역사 발전 속에서 항일 무장 독립운동, 중국과 일본의 전쟁, 중국 국민당과 공산당의 내전 상황에서 포섭과 배제의 시련을 겪어야 했다. 만주의 조선인은 근대적 국가 체계로의 이행 과정에서 일본과 중국으로부터 포섭을 강요받았다. 동시에 이들은 국가 체계 내에서의 민족 정체성을 유지하기 위한 노력을 해야 했다(권향숙, 2015: 32).

중국은 1912년 신해혁명으로 중화민국을 수립한 후 만주에 살고 있는 조선인을 자국 국민으로 포섭하기 위해 귀화를 촉진했다. 일본과 대립 속에서 일본 제국의 식민지 출신 조선인을 자국으로 편입시킨 것이다. 중화민국의 적극적

귀화 정책으로 1928년 무렵에는 만주에 거주하던 조선인의 14%가 중화민국의 국민으로 귀화했다.

일본의 패망 후 중국 대륙을 차지하기 위한 국민당과 공산당의 내전 상황이 발생하자, 조선족 대다수는 공산당을 지지하며 중화인민공화국 건설에 참여했다. 국민당 정부는 조선족을 한교韓僑로 칭하며 한반도로 귀국을 권했지만, 공산당은 일본 제국주의에 함께 저항했던 협력 관계를 강조하며 조선족의 참여를 요구했기 때문이다. 조선족은 항일 전쟁과 국·공 내전에서 공산당과 함께했고 이러한 협력의 역사는 중화인민공화국 건국에 조선족의 공헌을 인정받는 근거가 되었다(강위원, 2002).

중화인민공화국(이하 중국)이 건국된 1949년 10월 1일 중국 정부는 조선족이라는 명칭을 공식적으로 사용하며 조선족을 중국의 소수 민족으로 공인했고, 1952년 9월 3일 '옌볜 조선족 자치구'를 설립했다. 조선족자치구는 민족의 고유한 언어와 문화를 유지하면서 행정과 정치를 주도할 수 있는 상당한 자치권을 보장받았다. 이러한 위상은 중국 내 소수 민족 중 독보적 지위였다. 그러나 조선족의 자치권은 곧 도전받기 시작했다. 동북3성의 한족漢族이 조선족의 지배적 구조를 깨기 위해 이 지역으로 이주하기 시작하면서, 조선족 자치구는 1955년 '옌볜 조선족 자치주'로 격하되었다.

조선족의 중국 내 위상 변화와 한국으로의 이주

중국의 조선족은 정세 변화에 따라 탄압받기도 했는데, 한족 중심의 중화사상이 강조되고, 문화 혁명 등 정세 변화에 따라 조선족 지식인과 지도자들이 학계나 권력 구조에서 축출되기도 했다. 자치주 내의 조선어 사용과 교육의 자치권이 박탈당하면서 소수 민족의 문화적 권리도 거부되는 상황에 이르게 되었다. 조선족 공동체는 민족문화의 보존과 자치권 유지를 위한 지난한 노력을 해야 했다.

조선족 사회의 자치권이 지속적으로 위축되면서 동북 3성의 조선족 사회는 정치나 경제 영역에서 어려움을 겪게 되었는데, 중국의 개혁 개방과 한중 수교는 조선족에게 새로운 기회를 가져왔다. 한국의 경제 발전 소식을 접하고 왕래가 늘어나면서 조선족 중 한국에서 취업하려는 이들이 늘어났다. 서울올림픽 전후로 북방 외교를 통해 허락된 친족 방문 정책으로 한국에 입국한 조선족은 초기에는 중국에서 가져온 한약재 등을 서울의 지하철과 거리에서 판매하며 돈을 모으기 시작했다. 한중 수교 이후 한국 방문이 쉬워지면서 조선족 노동자들은 본격적으로 일자리를 찾아 입국하기 시작했다. 이들은 국내 노동 시장에서 합법적으로 일할 수 없는 신분이었기 때문에 대부분 '미등록 이주 노동자'로 일해야 했다. 취업에 성공한 조선족은 임금을 모아 중국에 남아 있는 가족에게 생활비를 보내거나 모은 돈으로 사업을 하기도 했다. 이런 성공 사례는 조선족 한국 이주를 급증시켰다.

한국으로 이주 수요가 늘어나면서, 조선족 여성은 국제결혼을 통해 한국으로 입국하는 경로를 채택하기 시작했다. 조선족 여성이 한국의 농어촌 지역 남성과 결혼하면서 합법적 이주를 시도한 것이다. 이러한 국제결혼은 1990년대 중반까지 급증했다. 그러나 조선족 결혼 이민자 여성의 상당수는 한국에서 취업하여 돈을 벌려는 의지가 매우 강했다. 이들은 도시로 이주하여 취업하기를 원했고, 한국인 배우자가 도시로 이주하는 데 동의하지 않으면 일방적으로 가출하여 취업하는 사례가 많이 생겼다. 이 과정에서 국제결혼 초기에 입국한 조선족 결혼 이민자 상당수가 이혼이나 가출을 통해 농어촌을 떠났다. 그 결과 조선족 여성 결혼 이민자에 대한 부정적 인식이 확산되어 점차 국제결혼에서 조선족 여성의 비중은 줄어들었다.

조선족 이주자들의 '불법 체류' 비중이 늘어나자 정부는 재외 동포 정책을 정비하면서 귀환 이주민인 조선족 이주민들의 체류 자격을 합법화하기 위해 다양한 정책을 도입했다. 방문 취업제를 통해 경제 활동을 자유롭게 할 수 있도록 허용했으며, 재외 동포 자격으로도 국내에 체류할 수 있는 근거를 만들었다.

이러한 과정을 통해 현재 국내에 체류하는 대부분의 조선족 이주민은 합법적인 경제 활동을 하고 있다. 조선족 여성 이주민은 돌봄 노동(육아, 간병, 가사 등)과 요식업과 같은 서비스 직종에서 일하고 있고, 남성 이주민은 건설 노동 시장에서 일정한 규모를 형성하고 있다. 또한 시대적 변화에 따라 자영업에 진출한 조선족 이주민도 상당하다. 조선족의 집거지인 구로구 대림동이나 서울의 여러 상가 지역에서 상권을 확대해 나가고 있다. 일부 조선족 자영업자는 조선족 공동체에서 상류층을 형성하고 있다.

조선족의 글로벌 이주 네트워크

조선족의 국제 이주는 이제 한국을 포함한 전 세계로 확대되었다. 해외 취업이 어려운 상황에서 조선족은 한국뿐만 아니라 아프리카를 비롯한 다양한 국가로 노동 이주를 단행했다. 해외 한국 기업에 취업하는 예도 많았다. 내가 1990년대 중반 나이지리아와 가나의 한국 기업(제조업이나 원양 어업)을 현지 조사했을 때 중간 관리 직종에는 어김없이 조선족 직원이 근무하고 있었다. 한국에서 직원을 데려오는 비용보다 조선족 직원의 임금이 낮았기 때문이다. 당시 면담에 응한 조선족 직원들은 대부분 한국으로 이주하지 못해 아프리카까지 일하러 왔다고 했다.

조선족의 국제 이주는 이주 역사가 진전되면서 다양해
졌다. 한국으로 이주했던 부모들의 경제적 지원으로 한국이
나 일본, 미국, 영국의 유수한 대학으로 유학을 떠난 청년들
이 졸업 후 현지에 정착하는 사례가 늘어났다. 이주 목적지
도 한국이 아닌 다른 선진국으로 확장되었고, 이제는 90개
국이 넘는 나라로 조선족이 이주하기에 이르렀다. 조선족
의 자치주였던 옌볜에 체류하는 조선족은 노인과 유소년뿐
이라는 말이 있을 정도다(신혜란, 2016: 14; 이장섭, 2017; 박광성,
2008). 이제 전 세계 대도시 한인이 밀집한 지역에서 조선족
을 만나는 것은 어렵지 않다. 전 세계에 흩어진 한민족 디아
스포라 공동체에서 조선족은 같은 민족이면서도 고유한 정
체성을 지닌 자신들의 네트워크를 구축해 나가고 있다.

2. 조선족 이주민 사회의 집단 정체성
: 민족, 국민, 과경 민족

한국으로 이주한 조선족은 지난 30년 동안 한국 사회와의
상호 작용 속에서 집단 정체성을 고민하고 새롭게 만들어
나가야 했다. 이 과정에서 조선족은 민족과 국민이라는 집
단 정체성의 선택과 배제 속에서 정체성의 정치에 내몰리

게 된 것이다. 조선족의 국내 이주가 시작된 1980년대 말과 1990년대 초 한국 사회의 일반적 정서는 헤어진 민족의 귀환이라는 것이었다. 조선족과의 국제결혼이 시작된 1990년 당시 언론 기사의 제목이 "끊어진 민족의 핏줄을 잇는다"로 보도될 정도였다. 한중 수교 이전 조선족은 친족 방문 명분으로 한국을 방문할 수 있었다.

그러나 국제결혼과 노동 이주를 통해 한국으로 대량 이주하게 된 조선족은 곧 한국 생활에서 예기치 않았던 모순적 경험을 하기 시작했다. 조상의 땅으로 귀환한 자신들의 법적 신분은 여전히 외국인이었으며, 한국 사회는 자신들을 같은 민족이기보다는 가난하고 빈곤한 국가에서 고생 끝에 돈을 벌러 온 불쌍한 외국인 동포로 대한 것이었다. 이러한 모순적 상황에서 조선족 이주민의 대응은 크게 세 가지로 나뉘었다(유명기, 2002). 첫째, 조선족 이주민 일부는 한국 사회가 자신들을 같은 민족으로 대우하지 않고 열등하고 불쌍한 외국인으로 대하는 현실에 반발하여 자신들의 중국 국민 정체성을 강화하는 선택을 한 사례다. 이들은 한국이 잘산다고 으스대지만, 중국에 비해 작은 나라일 뿐이라고 비하한다. 동시에 자신은 대국인 중국의 국민이라는 점을 때로 강조한다. 이들의 감정적 대응은 한국 사회의 차별에 대한 자신들의 방어 논리이며 또한 자존감을 지키려는 방편이다.

둘째, 한국 사회의 동정과 차별적 시선의 혼재에 불만을 느끼지만, 그래도 한민족이라는 자신의 민족 정체성을 한국 사회가 인정해 줄 것을 요구하는 경우다. 한국 사회가 자신들을 동포로 받아들여 다른 외국인 이주 노동자들과는 다르게 대우해야 한다고 생각한다. 조선족은 고국으로 돌아온 이산 민족이며, 같은 핏줄을 공유한 사람들로 인정해 달라고 한국 사회에 요구하며 차별과 혐오를 견디는 사람들이다.

셋째, 상황에 따라 자신의 국민 정체성과 민족 정체성 사이를 왔다 갔다 하는 경우다. 조선족 이주민이 처한 상황에 따라 이중 정체성을 활용하는 경우인데 대부분의 이주민이 취하는 전략이다. 때로 차별과 혐오를 겪을 때는 중국 국민이라는 국적으로 스스로 위안하고 한국 사회에 저항하지만, 대부분의 삶에서는 같은 민족이라는 동질감과 정체성을 유지하는 경우다(유명기, 2002).

유명기(2002)의 연구에서 관찰된 조선족의 정체성 고민은 한국 사회의 변화에 따라 변동하고 있다. 국내 체류 조선족의 기본적 구조는 유지되고 있지만, 인적 구성원이 고령화되고 있고, 과거처럼 청년층의 입국이 현저하게 줄어든 상황에서 중국으로의 귀환을 포기한 사람들이 늘고 있기 때문이다. 국내 체류 조선족 중 일부는 경제적으로 한국에서 자리 잡았고, 안정된 일자리를 확보한 사람도 많다. 중국으

2016년 5월 30일 서울 광진구 자양동 양꼬치 거리. 당시 국내에 체류하는 중국인이 처음으로 100만 명을 넘어선 것으로 나타났다. 국내 체류 조선족 중 일부는 경제적으로 한국에서 자리 잡았고, 안정된 일자리를 확보한 사람도 많다. (사진: 〈연합뉴스〉)

로 돌아갔을 때 일자리를 구할 수 없게 된 이들은 중국으로 귀국하는 것보다는 이미 익숙해진 한국에서 일하며 사는 것을 선택한다.

문제는 이러한 조선족 이주민의 정체성 활용이 한국 사회에서 부정적인 인식을 초래하고 있다는 점이다. 한국 사회에 전통적 민족 담론이 강한 시점에서는 같은 민족임을 강조하는 민족 정체성 선택 전략이 긍정적 평가를 받았다. 하지만 한국 사회 내부에서 민족과 국민 정체성을 구분해야 하는 상황이 벌어지고, 국민 정체성 위주의 담론과 실천이 강해지자 조선족은 민족보다는 국민의 관점에서 중국인으로 간주되기 시작했다. 특히 이 과정에서 이중 정체성 자체가 혐오의 대상이 되고 있다. 중국인이면서 한국 국민의 대우를 요구하는 위선적 집단이라는 비난이 일게 된 것이다.

이러한 비난은 조선족이 처한 특수한 상황을 고려하지 않은 것으로 조선족에 대한 이해가 필요하다는 점을 상기시킨다. 최근 조선족처럼 국가의 경계에 걸쳐 상이한 국가의 국민으로 살아가야 하는 민족 집단에 대한 관심이 늘고 있다. 조선족은 대표적 과경 민족跨境民族 집단이다. 따라서 국민과 민족 정체성의 이중성을 집단의 생존을 위해 적극적으로 활용해야 한다. 이러한 특징으로 변경邊境(국경 내의 변두리), 접경接境(경계를 접하는), 월경越境(국경을 넘는)이 아니라 양쪽 경계에 모두 걸쳐 있다는 조금 낯선 개념인 과경跨境이라는 개념을 사용하고 있다. 과경 민족 집단이 갖고 있는 숙명적 맥락에서 조선족의 국민과 민족 정체성 구성을 이해해야 한다.

조선족에 대한 부정적 인식의 확산은 한민족 내부의 다양한 집단에 대한 위계적 질서와도 관련이 있다. 한민족의 글로벌 디아스포라 규모는 750만 명에 달하고 있다. 전 세계에서도 손꼽히는 주요 디아스포라 집단이다. 문제는 이러한 디아스포라 공동체를 이주의 배경과 맥락, 거주 지역, 거주국의 경제 상황에 따라 위계적 서열로 차별한다는 점이다 (설동훈·문형진, 2020). 한민족 내부의 위계적 서열화를 상징적으로 보여 주는 사건이 재외동포법의 제정과 위헌 판결 사례다. 정부는 거주국 국적을 지닌 재외 한민족 동포가 국내에 체류할 때 국민에 준하는 처우를 보장하는 재외동포법 (1999)을 제정한 바 있다. 재외 동포들이 본국과의 관계, 본국에서의 경제 활동 제약, 출입국 과정의 불편함 등 다양한 여건 때문에 거주국 국적을 취득하지 않고 한국 국적을 유지하는 문제를 해결하기 위한 법안이었다. 그러나 이 법률은 2001년 헌법재판소로부터 위헌 결정과 함께 2003년까지 문제를 해결하라는 권고를 받았다. 법률을 제정하면서 중국의 조선족과 러시아와 중앙아시아의 고려인을 다른 한민족 디아스포라 집단과 구별하여 차별했기 때문이다. 법과 제도의 차별은 상당수 해소되었지만, 조선족에 대한 사회적 인식은 보다 악화되고 있는 실정이다.

3. 재한 조선족의 재현과 혐오

한국 사회에 재현되고 있는 조선족의 이미지와 정체성은 재한 조선족의 30년 역사와 함께 변화하고 있다. 이주 초기 조선족 이주민은 단절되었던 민족의 상봉 분위기에서 가난하고 어렵게 살다가 귀환한 민족이었다. 중국 국적이지만 고향의 친지를 방문하는 '이산가족'이었다(설동훈·문형진, 2020: 182~183). 또한 지하철역에서 한약재를 팔거나 일용직 건설 노동자로 고생하는 포용의 대상이었다. 그러나 일상에서의 상호 작용과 고용 관계에서의 이해관계 충돌이 늘어나면서 일부 한국인에게 조선족은 더 이상 불쌍한 포용의 대상인 동포가 아니라 중국 국적의 불법 체류자, 이주 노동자가 되었다. 조선족의 집거지가 확대되고, 중국 문화와 결합한 조선족 문화가 지배적인 거리와 상가를 접하면서 일부 한국인들은 자신들의 공간을 빼앗긴다는 박탈감을 느끼기 시작했다. 더욱이 구로구의 가리봉, 금천구의 가산동이나 독산동, 영등포구 대림동 등 서울의 남서부 지역을 중심으로 조선족 집거지가 확대되고, 조선족이 이들 지역의 부동산을 구매하기 시작하면서, 조선족으로 인한 상대적 박탈감에 시달리는 사람도 늘어났다.

조선족과의 일상적 상호 작용이 없는 사람들은 미디어를 통해 재현되는 조선족의 이미지를 수용한다. 한국의 뉴스 미디어가 조선족에 관한 기사를 보도할 때는 대부분 사건이나 사고, 혹은 사회적으로 주목받는 일들을 중심으로 보도한다. 지난 30여 년간 조선족에 관한 언론 보도의 키워드를 분석한 연구에 따르면 '살인, 일자리, 범죄, 토막, 유괴, 인육, 폭력 조직, 불법 체류, 오원춘, 갈취 조직, 단식 농성, 위장 결혼, 수원 토막 살인 사건, 사기 사건, 살해' 등 부정적 표현이 대부분이다(설동훈·문형진, 2020: 190~191).

조선족의 범죄 관련 기사는 지난 30년 동안 1만 3,198건이 보도되었고 이는 조선족 관련 보도의 15%를 차지한다. 조선족의 범죄 기사는 미디어의 재현과도 조응한다. 조선족을 범죄자 혹은 범죄 조직과 연관시켜 묘사한 영화들이 사회적으로 문제가 되기도 했다. 특히 〈황해〉(2010), 〈신세계〉(2013), 〈차이나타운〉(2014), 〈청년경찰〉(2017), 〈범죄도시〉(2017), 〈악녀〉(2017) 등 주목받은 영화들이 조선족과 조선족 사회를 범죄를 소재로 재현하고 있다(설동훈·문형준, 2020: 193). 일부 영화는 영화 평론가들로부터 매우 뛰어나다는 평가를 받기도 했다. 〈황해〉나 〈신세계〉, 〈범죄도시〉에서 묘사된 조선족 청부 살인 범죄자나 조직 폭력배의 캐릭터는 한국 영화에서 두고두고 언급될 만큼 인상 깊게 구현되었다. 배우의 연기뿐만 아니라 영화 속 인물의 설정 그 자체도 영화사적으로 기억될 수 있을 정도다. 영화적 미학이나 작품성에서 놀라운 칭찬을 받은 영화들이 해당 인물을 왜 조선족으로 설정했는지에 대한 논의가 필요하다. 단순히 조선족이 언어를 공유하며 한국 사회 내에 존재하는 가장 큰 규모의 이주민 집단이고, 그러므로 작품 속에서 다양한 역할을 배정할 수 있기 때문일까?

조선족의 영화 속 재현에 대한 비판적 연구들(김남석, 2014; 최인규·전범수, 2019)은 영화가 조선족 사회나 공동체를 범죄의 소굴로 묘사하는 현상이 이들의 이미지를 악화시킨다는 지적에 머물러 있다. 조선족과 범죄와의 연계가 한국 영화에서 유행 또는 관행적 묘사로 자리 잡았는지에 대한 분석이 필요해 보인다. 한국의 감독들은 왜 영화의 주요 서사 도구로 조선족 사회를 호명해 내는 것일까?

한국 영화나 드라마에서 악인 설정에 관한 논의는 이미 호남 지역의 사례로 여러 번 진행된 바 있다. 영화 속 인물 설정에서 악인이 사용하는 사투리가 호남 사투리 일색이라는 비판이 1990년대에 집중적으로 이루어졌다. 이러한 비판과 문제의식으로 호남 사투리와 조직 폭력배의 연계 작업은 한국 영화나 드라마에서 많이 줄어들었다. 그렇다면 한국 영화와 드라마에서 조선족이 과거의 호남인을 대체한 것일까?

한국 사회는 다른 사회와 마찬가지로 내부의 타자 집단을 끊임없이 생산해 왔다. 시대적으로 타자화되는 집단이 달라지고 있을 뿐이다. 조선족은 과거 민족 내의 타자로서 차별받던 호남인을 대체하는 면이 있다. 국내에 체류하는 조선족의 사회 경제적 지위의 변화에 따라 때로는 온정적 시선의 대상으로 타자화되다가, 이제는 중국의 동북 공정 및 한국에 대한 외교적 압박과 조선족 일부의 경제적 성공으로 시혜의 대상에서 혐오의 대상으로 타자화되는 것이다.

조선족을 부정적으로 재현하는 영화적 서사와 묘사에 영향을 받아 일반 시민의 편견을 강화하는 것보다는 오히려 영화와 드라마가 한국 사회의 혐오와 편견을 드러내는 것은 아닌지 고민해야 한다. 감독과 제작자가 선택하는 조선족의 재현 방식이 차별을 낳는 것인지 아니면 한국 사회의 혐오를 구체적으로 재현하는 것인지에 따라 대책은 달라질 수 있기 때문이다.

4. 현대 한국인의 정체성과 타자로서의 조선족
: 오염된 정체성과 문명의 정치

조선족에 대한 한국 사회의 혐오는 '한국인'의 정체성을 재구성하는 과정에서 만들어지고 있다. 한국인은 곧 한민족이자 대한민국 국민이라는 단일한 정체성이 더이상 작동하지 않는 상황에서 한국인의 정체성은 민족과 국민 사이에서 흔들리고 있다. 전통적인 민족 담론은 한국 사회의 모든 정체성의 근간이었다. 민족이라는 동질성 위에서 개인의 다양한 정체성이 허용되었다. 민족의 울타리를 넘어서는 정체성은 부정되곤 했다. 전 세계의 750만 한민족 디아스포라는 어느 곳에 거주하더라도 민족의 정체성을 유지해야 했고 동질적인 문화(언어나 음식 등)로 자신의 정체성을 표현하고 인정받아야 했다. 한국어를 못하거나 김치를 싫어하는 한민족은 상상할 수 없는 존재였고 한국인의 범주에 속하지 못하는 사람이었다.

분단과 통일의 문제도 민족 담론에서 논의되었다. 분단된 한국 사회는 곧 민족의 온전한 형태를 유지하지 못한 것이기에 통일은 그 무엇보다도 민족 모순의 해결을 위해 실현되어야 하는 민족의 지상 과제로 여겨졌다. 남북한의 분단 현실 속에서 심화된 문화적 이질화는 극복되어야 했고, 남북한 문화 교류의 목적도 동질적 민족 문화의 회복이 우선이었다.

문제는 이러한 전통적인 한국인의 정체성에서 이탈하는 사람이 늘고 있다는 것이다. 민족은 더이상 한국인의 정체성에서 핵심적 지위가 아니다. 다문화 사회 담론이 확장되면서 이주민의 권리 보장과 문화다양성의 존중을 위한 계몽적 담론이 강조되자 한국 사회 일부에서는 자신들이 이주민보다 대우를 받지 못한다는 불만을 제기하고 있다. 이들은 이른바 다문화 담론에 저항하는 방편으로 '국민이 우선'이라는 구호를 만들어 내고 있다. 특히 조선족이나 고려인의 귀환 이주가 늘면서 사할린에서 귀환한 특정 이주민에 대한 정부의 지원이 과장되어 알려지고, 재외 동포의 국내 의료 보험 이용과 관련된 가짜 뉴스가 확산되면서 국적이 다른 재외 동포에 대한 반감도 퍼져나가고 있다. 국민의 권리가 민족의 권리와 등치될 수 없다는 인식이 커지고 있다. 이러한 정서는 민족의 위계적 구조에서 대한민국 국민을 최상단에 배치시킨다.

이런 상황에서 조선족이 한국 사회에서 적응 전략으로 채택한 중국 국민과 한민족이라는 이중 정체성의 활용은 국민 정체성의 맥락에서 전면적으로 부정당하게 된 것이다. 집단의 자아 정체성 형성은 타자와의 분리에서부터 시작된다. 명확한 경계와 속성에 근거한 자아와 타자의 구별은 조선족과 같은 이중 정체성을 용납하지 않는다.

인류학자인 메리 더글라스Mary Douglas는 분류 체계에서의 모호함은 위험한 것으로 간주된다고 분석한 바 있다. 그녀는 분류 체계는 명확한 구별과 대비를 통해 형성되는데, 이 구별에서 '순수'하지 않은 주체는 '오염'된 것이고 그래서 위험한 것으로 간주된다(더글라스, 1997). 조선족은 한민족과 중국 국민의 이중 정체성을 맥락에 따라 활용했고, 이러한 정체성의 정치는 한국 사회에서 오염된 것이고 위험한 것이다.

국적에 근거한 국민 정체성의 강화는 조선족을 타자로 구별해 낸다. 인터넷 온라인 댓글 창에 등장하는 조선족에 대한 비하와 혐오의 표현은 '중공인'이다. 필요에 따라 민족 정체성을 제시하는 조선족을 강제로 '중국인'으로 분리해 내고, 또한 과거 냉전 시기 적대적 타자의 호칭이었던 '중공'을 호명해 내는 것이다.

재한 조선족에 대한 차별과 혐오적 감정의 실태를 가늠할 수 있는 사회 조사 자료가 축적되고 있다. 대학생들이 조선족에 대해 느끼는 사회적 거리감을 2013년에 조사한 설동훈(2013)에 의하면 조선족은 영국, 프랑스, 미국, 일본, 러시아, 북한보다 사회적 거리가 먼 것으로 나타났다(설동훈, 2013: 218). 조선족이 '북한 사람'보다 사회적 거리가 먼 것은 중국인이라는 국적의 문제가 중요하게 작동하는 듯하다.

장서현(2021)은 조선족에 대한 사회적 거리감을 결혼 이주 여성, 미국 동포, 조선족, 이주 노동자, 난민, 외국인 유학생을 비교하여 측정했다. 이 연구에서 드러난 새로운 사실은 설동훈(2013)의 연구에 비해 조선족에 대한 사회적 거리감이 더욱 증가했다는 것이다. 실제 6개 이주민 범주에서 조선족에 대한 사회적 거리감은 난민과 함께 가장 높게 나타났다. 특히 문화적 거리감에서 젊은 세대일수록 조선족과의 문화적 이질감과 거리감이 높게 나타났고, 한국 사회에 대한 이주민의 기여도를 보면 조선족은 난민과 함께 가장 낮게 나타났다. 조선족에 대한 문화적 거리감은 10대와 20대에서 4점 척도에서 3.72, 30대에서는 3.79로 가장 높았다. 같은 조사에서 난민의 경우는 10대~20대에서 3.92, 30대에서 4.07이다. 조선족에 대한 거리감을 가장 많이 체감하는 것은 가치관 영역이다.

문화적 거리감이 높다는 것은 조선족 문화에 대한 청년층의 이해가 매우 낮다는 것을 보여 준다. 조선족의 혐오 문제를 문화다양성의 관점에서 접근해야 하는 이유이기도 하다. 외국인의 문화는 낯설더라도 다양성이라는 점을 고려할 여지가 있으나, 조선족의 경우 같은 한국 문화 내에서 낯선 것이어서 이해의 대상이 아니라 오염된 것으로 판단되어 혐오된다.

조선족에 대한 사회적 거리감이 높아지는 추세는 20대와 30대에서 높게 나타나고 있다. 조선족에 대한 청년층의 사회적 거리감이 가치관에서 두드러지게 높은 현상은 청년층이 조선족에 대해 어떤 인상을 갖고 있는지를 잘 보여 준다. 인터넷 댓글에서 조선족을 비하하는 주요 내용은 중국의 불결한 식품 안전 문제와 같은 '문명화되지 못한' 관습이나 생활과 연계된다.

앞에서 살펴본 한국 미디어의 조선족 재현에서 핵심적인 문제는 범죄와 연계되는 조선족 사회가 아니라, 조선족의 삶의 양식과 행동이 '비문명적'이라는 재현이다. 영화 〈황해〉에 등장하는 조선족 살인 청부업자이자 브로커인 '면정학'은 개를 삶아서 게걸스럽게 먹거나, 자신을 암살하러 온 상대방을 커다란 개뼈다귀로 폭행하고 칼로 살해한다. 〈범죄도시〉의 잔혹한 조선족 폭력배 '장첸'은 무자비한 칼부림으로 한국인을 살해한다. 칼과 도끼와 같은 원초적 살인 도구가 구체적이고 잔혹하게 묘사된다.

이들 영화에 함께 등장하는 한국인 악역은 살인은 조선족에게 청부할 뿐이고 자신들이 직접 잔혹한 폭력을 행사하지 않는다. 혹은 행사하더라도 끔찍하고 구체적인 모습으로 묘사되지 않는다. 한국 사회의 악이 존재하는 방식은 가려지고 은폐되거나 생략되지만, 한국 사회의 타자인 조선족의 악은 원초적이고 잔혹하며 구체적인 행동으로 재현된다.

한국 사회의 청년들은 일상에서 만나는 조선족의 삶과 생활 양식을 거칠고 서툴거나, 문명화되지 못한 원초적 행동으로 인식한다. 조선족 건설 노동자들이 고층 건물 건설 현장에서 일할 때 화장실을 이용하기 위해 지상으로 내려오지 않고 현장에서 해결하는 방식을 조선족의 '불결함과 비위생적 가치관' 혹은 '문명화되지 않은 모습'으로 비난한다. 그러나 이런 인식은 최근에 한국의 고층 건물 건설 노동 현장의 화장실 부족 문제로 열악한 작업 환경 탓이며, 조선족뿐만 아니라 건설 노동자 전체의 어려움이라는 것이 밝혀지기도 했다.

5. 혐오와 호명의 정치
: 호칭 변화로 혐오를 해결할 수 있는가

조선족에 대한 사회적 거리감, 차별, 편견은 지속적으로 악화되고 있다. 청년층으로 내려갈수록 국민이 아닌 재외 동포에 대한 거리감이 늘고 있다. 재한 조선족은 자신들을 부르는 '조선족' 명칭을 더 이상 사용하지 말아 달라고 공식적으로 요구한다. 중국 정부가 공식적으로 사용하는 용어이자

'조선족 자치주'라는 자랑스러운 명칭에 등장하는 용어가 한국에서는 차별과 혐오의 표현이 되었다는 것이다. 실제 조선족 공동체의 이러한 요구를 수용하여 교육부에서는 학교 현장에서 '조선족'이라는 용어 대신 '재중 동포'라는 용어로 대체할 것을 지침으로 결정했다. 어린 학생들이 상처받을 수 있기 때문에 조선족에 대한 차별과 편견을 시정하는 계기 교육의 일환으로 추진하고 있다.

한국 사회에서 차별과 혐오의 표현으로 사용하지 않기로 한 용어가 증가하고 있다. 외국인 이주민이나 국내의 특정 지역 주민에 대한 혐오적 표현이 사용되고 있는 현실에서, 차별과 혐오의 문제를 개선하기 위한 노력이다. 그러나 한국 사회는 이미 차별과 혐오를 피하려고 만들어 낸 새로운 용어가 또다시 차별과 혐오의 용어로 비판받는 일이 반복되고 있다.

국제결혼을 통해 한국으로 이주한 결혼 이민자와 한국인 배우자 가족을 지칭하는 용어로 과거에는 국제결혼 혹은 국제결혼 가족이라는 용어가 사용되었다. 그러나 2000년대 들어 한국인 남성과 외국인 여성 간의 국제결혼 가족을 부르는 말을 새롭게 만들어 낸 바 있다. 과거의 국제결혼이 미군 남성과 한국인 여성의 결혼이 주였고, 미군과 결혼한 한국인 여성이 특정 직종에 종사했던 여성이라는 차별적 인식이 광범위하게 퍼져 있는 상황에서 국제결혼 가족이라는 용어가 차별적이라는 비판이 당사자로부터 제기되었기 때문이다. '다문화 가족'이라는 한국식 용어가 만들어진 이유다. 국제 사회의 다문화 가족은 문화가 다른 사람들이 결혼을 통해 이룬 가족을 지칭하는 말이지만, 한국에서는 한국인 배우자와 외국인 배우자의 결혼과 그 가족을 지칭하는 법률적 용어가 되었다. 문제는 다문화 가족이라는 새로운 호칭이 만들어지고, 다문화 인식 개선 교육과 홍보가 20여 년 지속되었지만, 차별적 시선과 혐오의 관념은 개선되지 않았다는 것이다.

최근에 다문화 가족과 운동가들은 '다문화 가족'이라는 용어가 결혼 이민자와 그 가족을 한국 사회에서 구별해내어 호명하는 용어로 작동하고 있으며, 차별과 혐오의 표현이라는 주장을 하기 시작했다. 이들은 '다문화 가족'을 대체하는 새로운 용어를 만들어 사용하자는 주장을 하고 있고, 일부에서는 대안으로 '국제 가족'을 사용하기 시작했다. '국제'라는 용어가 시대에 따라 의미와 상징 면에서 새롭게 해석되고 있는 것이다.

조선족이라는 용어를 재중 동포로 대체한다고 조선족에 대한 한국 사회의 차별과 혐오가 개선될 수 있을까? 앞에서 분석했듯이 조선족에 대한 차별과 혐오는 한국인이라는 집단 정체성의 재구성과 재협상 과정에서 민족과 국민의 담론이 경합하는 가운데에서 발생하고 있는 것이다. 이중 정체성이 순수하지 못한 오염된 것으로 간주되며 분류 체계의 모호성으로 남는 것이 용납되지 않기 때문이다.

현대 한국 사회의 '한국인'을 구성하는 데 필요한 사회적 타자로서 조선족이 활용되는 맥락은 문화적 동질성과 다양성의 문제를 '문명의 정치'로 전환시키고 있다. 현대 한국 사회의 물질주의와 문명적 발전은 민족의 위계 구조에 문명과 비문명이라는 의미 구조를 만들어 내고 있다. 조선족의 문화적 재현이 야만, 비문명, 불결함, 무례함, 원초성에 집중되면서, 조선족은 한민족의 위계 구조에서 최하층의 집단으로 분류되고 있다.

차별과 혐오는 객관적 실체에 근거하는 것이 아니라, 집단 정체성의 재구성 과정에 필요한 사회적 타자, 오염된 신분, 위험한 집단을 만들어 내는 과정에 뿌리를 두고 있다(한건수, 2006). 대한민국이 경제 발전과 소프트파워 강화를 통해 국가 위상이 높아지는 과정에서 '한국인'의 집단 정체성을 어떻게 재구성할지, 그리고 이 과정에서 자아와 타자의 협상과 상호 작용이 민족 정체성과 담론에 어떤 변화를 가져오는지를 총체적으로 점검하고 분석해야 조선족이 직면하고 있는 차별과 혐오의 실체를 이해할 수 있을 것이다.

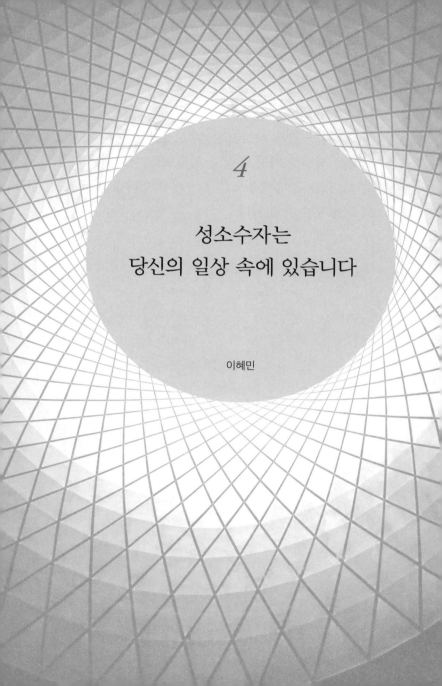

4

성소수자는
당신의 일상 속에 있습니다

이혜민

"

성소수자와 같은 사회적 소수자 집단을 향한 혐오에
어떠한 제재를 가하지 않고 침묵으로 방관하는 태도
는 이 사회 속에서 혐오를 계속해서 길러내는 토양으
로 작용할 수밖에 없다.

"

2020년 7월 31일 서울시 지하철 2호선 신촌역에 "성소수자는 당신의 일상 속에 있습니다"라는 문구를 담은 광고가 게시되었다. 이는 5월 17일로 지정된 국제 성소수자 혐오 반대의 날(International Day Against Homophobia, Transphobia and Biphobia: IDAHOT)을 맞이해 국내 성소수자 단체들이 함께 준비한 광고였다. 저마다 각자의 일상을 살아가는 성소수자와 이들을 지지하는 사람들의 얼굴을 담아 성소수자가 한국 사회에 함께 살아가고 있다는 것을 알리고자 했다. 그러나 서울교통공사에 해당 광고를 게시해도 좋다는 승인을 받는 것부터 쉽지 않았다. 우여곡절 끝에 승인을 받아 게시하였지만, 광고는 이틀이 채 지나기도 전에 인적이 드문 새벽 무렵 20대 남성이 휘두른 커터칼로 훼손되었다. 문구를 알아보기 어려울 정도로 찢긴 자리에는 다시 이런 문구가 채워졌다. "성소수자는 당신의 혐오를 이길겁니다."

한국 사회에서 성소수자에 대한 증오 범죄를 마주한 것

2020년 국제 성소수자 혐오 반대의 날을 기념하여 제작된 지하철 광고가 훼손당하기도 했다. (사진: 〈연합뉴스〉, 2020. 8. 27)

은 이번이 처음은 아니다. 2016년 초 서울대학교 성소수자 동아리 큐이즈(Queer In SNU: QIS)는 학교 정문 근처에 현수막을 내걸었다. 이 현수막 역시 누군가가 훼손했고, 학생들은 찢긴 부분을 반창고로 붙여 다시 걸었다. 그 현수막에는 "관악에 오신 성소수자, 비성소수자 신입생 여러분 모두 환영합니다"라고 쓰여져 있었다.

1. 한국 사회에서 일어나는 성소수자 혐오

혐오가 불러온 폭력
: 2018년 제1회 인천퀴어문화축제 폭력 사건

퀴어문화축제는 성소수자라는 낙인화된 정체성을 가진 개인이 공공장소에서 자신의 존재를 드러내고 성소수자 동료들과 함께 어울리며 정체성에 대한 자긍심을 되찾는 활동이다. 성소수자 탄압에 맞서 투쟁했던 1969년 미국의 스톤월 항쟁을 기념하고자 그다음 해인 1970년 6월 성소수자 자긍심 행진pride parade을 개최했다. 이를 시작으로 매년 전 세계에서는 퀴어문화축제가 열린다. 한국에서는 2000년 서울에서 처음으로 '퀴어문화축제 ― 무지개 2000'이 열렸고, 현재까지 계속되고 있다. 이 축제는 서울뿐만 아니라 대구, 부산, 제주 등 각 지역에서도 해마다 열린다. 코로나19로 인해 2020년과 2021년에는 온오프라인에서 소규모로 행사를 치렀지만, 2022년 여름에는 3년 만에 서울시청 앞에서 퀴어문화축제를 개최해 많은 사람이 참여했다.

　보수 기독교 집단을 중심으로 하는 성소수자 혐오 세력은 신촌에서 열린 2014년 서울퀴어문화축제를 기점으로 해마다 조직적으로 방해해 왔다. 특히, 2018년 제1회 인천 퀴어문화축제에 참가한 성소수자와 이들을 지지하는 앨라이ally들은 극에 달한 혐오 세력의 폭력을 마주했다. 축제가 예정된 2018년 9월 8일 인천시 동구 동인천역 북광장에는 1,000명 정도(경찰 추산)의 혐오 세력이 모였다. 이들은 축제 장소를 무단 점거해 진행을 방해하였으며, 광장을 둘러싸고 참가자들을 고립시키기도 했다. 축제 일환으로 계획된 부스 운영과 공연 등을 진행하지 못했을 뿐만 아니라 20분 정도로 예상했던 자긍심 행진이 5시간 넘게 지연되기도 했다.

　당시 현장 상황은 인천퀴어문화축제에 참가한 이들의 SNS를 통해 실시간으로 공유되었고, 축제에 직접 참가하지 못한 이들은 혐오 세력으로부터 참가자들이 겪은 폭력 피해를 전해 들을 수 있었다. 이 사태의 심각성을 깨닫고 인천 퀴어문화축제 조직위원회와 고려대학교 성소수자건강연구팀 레인보우커넥션프로젝트는 축제에 참여한 이들의 폭력

2022년 7월 16일 서울광장에서 3년 만에 열린 서울퀴어문화축제. (사진: 〈연합뉴스〉)

피해를 조사하기 위한 연구(이하 폭력 피해 연구)를 신속하게 진행했다.* 이 연구에 따르면, 연구 참여자 중 97.7%(298명)가 혐오 세력으로부터 성소수자를 비하하는 발언을 직접 들었으며, 욕설이나 조롱 등을 경험한 참여자도 85.9%(262명)나 있었다. 언어적 폭력 이외에도 참여자들은 혐오 세력으로부터 밀쳐지고(79.0%), 꼬집히거나 맞았다고(32.5%) 답했으며, 자신의 물건이 훼손/파손(32.5%)되거나 빼앗긴(26.9%) 참여자도 적지 않았다. 특히 성희롱이나 성적인 모욕, 위협을 겪은 이들이 51.8%로 심각했다. 한 축제 참가자는 자신이 겪은 성희롱 및 성추행을 다음과 같이 말했다.

> (혐오 세력이) 제 가슴을 쥐고 "여자가 남자 맛을 안 봐서 레즈인 거다. 나는 바로 이성애자로 만들어 줄 수 있다"며 성희롱과 성추행을 했습니다. 주변 사람들이 소리지르며 하지 말라고 하면 그들은 핸드폰을 들이대며 우리의 신상을 알리겠다며 협박했고 결국 행진을 계속할 수밖에 없었습니다. 그 와중에 경찰은 제지하지 않았습니다.

* 축제 일주일 이후인 9월 15일부터 17일까지 이루어진 연구에는 9월 8일 당일 축제에 참여한 성소수자 당사자(254명)와 비성소수자인 앨라이(51명)를 포함한 총 305명이 참여했다. 이는 주최 측이 추정한 참가자(약 700~800명)의 40% 이상에 해당한다.

아울러 폭력 상황을 겪은 축제 참가자의 정신 건강을 파악하기 위해 우울 증상을 측정했다.* 해당 척도에 응답한 295명 중 우울 증상이 있었던 것으로 분류되는 이들은 210명(71.2%)이었다. 이 수치는 같은 척도를 사용한 한국복지 패널 조사(2017) 일반 인구 집단 참여자의 우울 증상(7.2%)에 비해 매우 높았으며, 동성애자 및 양성애자 건강 연구(2016)에 참여한 이들의 우울 증상(49.7%)과 비교했을 때도 상당히 높았다. 이뿐만 아니라 90%에 가까운 참여자들이 급성 스트레스 증상이 있었고, 참여자 70% 이상이 외상 후 스트레스 장애가 있을 것으로 예측되었다. 축제 참여 후 겪은 후유증에 대해 한 참가자는 다음과 같이 증언했다.

폭력적인 장면이 계속해서 떠올랐고 기억을 회상할 때마다 울음이 터져 나왔습니다. 사람이 많은 곳을 지나갈 때 숨이 막히고 가슴이 답답한 증상이 생겼습니다. 식욕이 상당히 감소되었습니다. 모든 소리에 예민해졌습니다. 시끄러운 곳에 있으면 생각이 마구 엉키다가 정신이 멍해지고 현실감이 없

* 역학 연구 우울 척도(Center for Epidemiologic Studies – Depression Scale: CES – D)라는 표준화된 척도를 활용하여 참여자가 일주일 동안 겪은 우울 증상을 측정했다.

2018년 9월 8일에 열린 제1회 인천퀴어문화축제에서 일어난 혐오 세력의 축제 반대 시위. (사진: 주승섭)

어졌습니다.

참가자의 증언을 통해서 알 수 있듯이, 2018년 제1회 인천퀴어문화축제에서 참가자들이 경험한 폭력 수위는 여태까지 다른 지역에서 개최된 축제에서 겪었던 것보다 훨씬 심각했다. 이 행사 이후 성소수자 인권 단체와 민주사회를위한변호사모임 등은 국회에서 토론회를 개최해 성소수자에게 가해지는 증오 범죄와 이로 인한 피해에 대해 낱낱이 밝혔고, 계속해서 반복되는 성소수자 혐오를 끊어내기 위해서는 증오 범죄에 대한 강력한 대응이 필요하다는 점에 대해 제언하였다.

성소수자는 1년에 한 번 개최하는 퀴어문화축제를 통해 자신의 정체성을 안전하고 자유로운 공간 속에서 마음껏 드러내고 본인의 정체성에 대한 자긍심을 느낀다. 하지만 인천퀴어문화축제 사례에서도 알 수 있듯이, 성소수자는 축제의 현장에서 혐오 세력으로부터 언어적·물리적 폭력을 당하기도 한다. 이들에게 가해지는 폭력은 성소수자의 존재 자체를 부정하고 더 이상 사회 속에 존재를 드러내지 말라는 난폭한 요구이자 협박이기에, 이에 대한 보다 적극적인 대응이 필요하다.

성소수자와 코로나19, 이중의 낙인
: 2020년 이태원 코로나19 집단 감염 사건

국내에서 첫 확진자가 확인된 2020년 1월 20일 이후로 현재까지(2022년 9월 기준) 3년째 계속되는 코로나19로 인해 많은 이들이 어려움을 겪고 있다. 인류는 역사적으로 흑사병이나 스페인 독감과 같은 수많은 감염성 질환을 겪어 왔다. 감염병으로 인한 재난 상황에서 사회적 소수자가 겪는 사회 경제적 불평등은 또 다른 형태의 불평등으로 이어지며, 이로 인해 기존의 불평등은 더욱 심화된다. 사회적으로 어려움을 겪는 집단에게 더욱 가혹하게 작용하는 것이다. 코로나19 상황에서도 사회경제적으로 취약한 집단에서 코로나19 감염으로 인한 증상의 중증도가 더 심각하거나 사망률이 더 높은 것으로 나타났다.

특히 성소수자의 경우, 교육이나 고용 측면에서 본인의 정체성으로 인해 차별을 경험하는 경우가 많기 때문에 비성소수자에 비해 사회경제적으로 취약할 가능성이 높다. 성소수자의 사회경제적 취약성은 코로나19 유행으로 인해 더욱 심각해질 수 있다. 또한 코로나19 감염을 예방하기 위해 사회적·물리적 거리두기를 실천해 왔는데, 이로 인해 성소수자 커뮤니티 구성원 내 교류가 어려워지기도 했다. 성소수자는 자신과 같은 정체성을 가진 구성원이 모여 있는 커뮤니티로부터 지지를 받아 자신의 정체성에 자긍심을 가지고, 또 정체성으로 인해 겪는 스트레스의 부정적인 영향을 줄일 수 있다. 하지만 코로나19 중에서는 커뮤니티 활동이 취소되거나 미뤄지는 경우가 많아 성소수자는 고립되기 쉬운 환경에 놓이게 되었다. 더 나아가, 사회적·물리적 거리두기로 인해 집에 머무는 시간이 많아지면서 성소수자는 자신의 정체성을 받아들이지 않는 동거 가족 혹은 파트너와 갈등을 더 많이 겪을 수 있다. 그뿐만 아니라 성소수자는 일반 인구 집단에 비해 우울 증상이나 자살 등 정신 건강 수준이 더 낮은 것으로 알려져 있다. 코로나19 상황을 겪으며 앞서 언급한 여러 스트레스 요인으로 인해 이들의 정신 건강이 더욱 안 좋아질 수 있다.

성소수자에 대한 낙인과 혐오를 더욱 조장하고 부추긴 한 사건으로 인해 한국 사회에서 성소수자는 코로나19 유행을 더욱 힘겹게 경험했다. 2020년 5월 초, 긴 연휴가 지난 이후 서울 이태원 지역에서 집단 감염이 발생했다는 소식이 전해졌다. 마침 확진자 수가 한 자릿수대로 줄어들어 그 끝이 보인다는 기대감을 지녔던 시기에 발생한 이 사건은 2차 대유행의 시초로 여겨진다. 5월 7일, 확진자가 연휴 기간에 이태원 클럽을 방문했다는 점이 확인된 이후부터 일부 보수 언론은 확진자가 다녀간 이태원 지역의 클럽을 '게이 클럽'으로 특정해 강조하고, 개인 정보와 사생활을 유출하는 등 악의적으로 성소수자를 낙인찍고 혐오를 조장하는 보도를 쏟아냈다. 2020년 5월 7일에 보도된 대표적인 성소수자 혐오 선동 기사는 다음과 같다. "[단독] 이태원 게이클럽에 코로나19 확진자 다녀갔다"(《국민일보》), "용인 확진자 방문 이태원 게이클럽에 500여 명 있었다"(《MBN뉴스》), "코로나19 확진자 이태원 게이클럽 방문…… 당일 500명 다녀가"(《한경닷컴》), "용인 확진자 20대 남성, 연휴 동안 이태원게이클럽 방문…… 감염 확산 우려"(《매일경제》), "용인 확진자 이태원 게이클럽 동선 공개 '아웃팅' 논란"(《뉴시스》), "신규확진 4명인데…… 이태원 게이클럽 '1명'에 또?(종합)"(《머니S》).

이러한 상황에서 확진자가 다녀간 것으로 알려진 이태원 주점 및 클럽에는 달걀을 던진 얼룩과 래커로 뿌린 듯한 낙서 자국이 남겨졌다. 한국 사회에서 이미 정체성으로 인해 낙인을 경험하는 성소수자는 코로나19 낙인까지 이중으로 겪었고, 집단 감염 사건과 관련하여 온오프라인에서 난무하는 비난과 조롱을 감당해야 했다. 특히 정체성을 알리지 않은 채 생활하는 성소수자는, 이태원 집단 감염이 사회적으로 크게 이슈가 된 이후에 코로나19 검사를 받거나 자가 격리하는 상황 때문에 자신이 성소수자라는 것이 밝혀질까 봐 두려움을 겪기도 했다. 2020년 10월 국가인권위원회의 〈트랜스

젠더 혐오 차별 실태 조사〉에 따르면, 이태원 지역의 코로나
19 집단 감염 사건을 알고 있었던 트랜스젠더 참여자 중 해
당 사건과 관련된 혐오 표현을 접한 적이 있는 이들은 97.2%
였다(홍성수 외, 2020). 해당 사건에 대한 사회적 반응으로 인해
힘들었다고 응답한 이들도 76.4%로 상당수였다.

물론 코로나19가 유행하는 상황에서 모두의 건강과 안
전을 위해서 정부가 제시하는 방역 지침을 지키고, 감염
이 의심되는 증상이 있는 경우에 코로나19 검사를 받는 것
은 매우 중요하다. 그러나 부모에게, 친구에게, 직장 동료에
게 내가 성소수자라는 것을 알리기 쉽지 않은 한국 사회에
서 성소수자에 대한 낙인과 혐오를 강화하는 방식은 코로나
19 감염을 예방하는 데 결코 도움이 되지 않는다. 오히려 낙
인과 혐오에 대한 두려움으로 인해 성소수자는 필요한 검사
와 치료를 받지 못할 수 있다. 실제로 〈트랜스젠더 혐오 차
별 실태 조사〉에 따르면, 참여자 589명 중 28명(약 5%)이 "코
로나 감염이 의심되는 증상이 있었지만 트랜스젠더 정체성
과 관련하여 부당한 대우나 불쾌한 시선을 받을까 봐 검사
받는 것을 포기"한 적이 있다고 응답했다(홍성수 외, 2020). '모
두의 안전'을 위해 성소수자의 안전이 위협받고, 이것이 다
시 '모두의 안전'을 위협하는 모순된 상황이었다.

이태원 지역의 코로나19 집단 감염 사건이 언론에 보도

된 지 5일 후인 2020년 5월 12일 성소수자 인권 단체가 모여 코로나19 성소수자긴급대책본부(이하 대책본부)를 출범시켰다. 대책본부는 성소수자에 대한 낙인과 혐오를 선동하고 조장하는 언론의 보도를 모니터링하고, 필요할 경우 언론사에 기사 수정을 요청하는 공문을 보내는 등 적극적으로 대응했다. 그뿐만 아니라, 방역 당국과 긴밀하게 소통해 확진자의 사생활을 보호하기 위해 감염 예방이나 방역에 도움이 되지 않는 개인 정보가 공개되지 않도록 필요한 조치를 취했다. 특히, 사건이 알려진 초기부터 서울시와의 지속적인 협력을 통해 성소수자가 차별 없이 코로나19 검사를 받을 수 있도록 익명 검사를 도입했고, 성소수자 커뮤니티를 대상으로 이를 홍보하기도 했다. 대책본부는 성소수자에 대한 낙인과 혐오가 코로나19 감염을 예방하고 방역을 철저히 하는 데 전혀 도움이 되지 않는다는 메시지를 방역 당국에 전달하면서 신속하고 적극적으로 협력했다(코로나19 성소수자 긴급대책본부, 2020).

강제 전역 그리고 입학 포기
: 2020년 트랜스젠더 관련 두 사건

2020년 1월 성확정 관련 외과적 수술을 받은 이후 복무를 계속 이어 나가기를 희망했던 변희수 전 하사(이하 변 하사)가

육군 본부로부터 강제 전역당했다. 그다음 달인 2월에는 숙명여자대학교에 합격한 트랜스 여성 A씨(이하 A씨)가 끝내 입학을 포기했다. 2020년은 한국 사회에서 트랜스젠더 집단이 가장 가시화된 한 해였으며, 이 두 사건은 한국 사회에 존재하는 트랜스젠더에 대한 혐오를 잘 보여 준 사례다.

현역으로 군 복무하던 변 하사는 성확정 수술을 받은 이후 여군으로 계속 복무하고자 했다. 하지만 육군 본부는 변 하사를 '남성'으로 여겨 남성의 생식기인 음경과 고환이 결손되었기 때문에 군인사법상 심신 장애에 해당한다는 이유로 변 하사의 전역을 강제했다. 이후 변 하사는 육군을 상대로 부당한 전역 처분 취소를 요구하는 행정 소송을 제기했고, 소송이 진행되던 지지부진한 과정 중에 변 하사는 고인이 되었다. 변 하사의 유가족과 '변희수 하사의 복직과 명예회복을 위한 공동대책위원회'는 계속해서 소송을 이어 나갔고, 강제 전역 이후 약 1년 8개월(2021년 10월) 만에 승소 판결을 받아 변 하사에 대한 육군의 강제 전역이 위법하다는 것을 확인했다.

A씨의 경우 성확정 수술을 받고 법적인 성별을 여성으로 정정한 이후에 숙명여대에 합격했다. 그럼에도 불구하고, 학교 안팎에서 쏟아지는 혐오와 반대의 목소리에 대학 입학을 포기할 수밖에 없었다. 이 사건을 다룬 기사에서 숙명여

대에 다니는 한 학생은 "지난해까지 남자로 살아온 사람이 꼭 여대에 입학하려는 이유를 모르겠다"라며, 학내 안전과도 연관 지어 불안감을 표출하기도 했다. 학내에서는 '숙명여대 트랜스젠더남성 입학반대 TF팀'이 꾸려졌고, A씨의 입학을 반대하는 것이 '여성의 공간과 권리'를 지키기 위한 행위라며 '생물학적 여성'에게만 입학을 허가하도록 학칙을 개정할 것을 요구하기도 했다. A씨는 입학 포기를 결정하며 온라인에 게재한 일기에 누구나 사회적으로 다수자 혹은 소수자의 정체성을 모두 지닐 수 있고, 자신을 늘 강자 또는 약자라고만 생각하는 경직되고 납작한 사고를 통해 혐오가 재생산될 수 있음을 강조했다.

숙대 등록 포기에 부쳐

"사람 모두는 소수인 측면과 다수인 측면을 다층적으로 쌓아나가며, 자신의 정체성을 확립해 나간다. 자신을 늘 강자라고 생각하는 사람은 자신이 약자일 수 있다는 점을 받아들이지 못한다. 반대로 자신을 늘 약자라고 생각하는 사람은, 자신이 어떠한 면에서는 강자일 수도 있음을 잊고, 다른 약자를 무시하기 마련이다. 이런 사고에서는 혐오만 재생산될 뿐이다."

두 사건이 한국 사회에서 크게 이슈가 된 이후 〈트랜스젠더 혐오 차별 실태 조사)에서 참여자에게 각 사건에 대해서 알고 있었는지, 알고 있었다면 해당 사건과 관련한 혐오 표현을 접한 적이 있는지 그리고 사건에 대한 사회적 반응으로 인해 힘들었는지 물어보았다(홍성수 외, 2020) 참여자 대부분이 두 사건 모두 알고 있었으며, 직접 혐오 표현을 접했고 사건에 대한 사회의 부정적 반응으로 인해 힘들었다고 했다. 실제로 변 하사의 전역 조치 사건을 알고 있었던 참여자의 약 95%가 해당 사건과 관련해서 혐오 표현을 접한 경험이 있고, 약 88%가 사건에 대한 사회적 반응으로 인해 힘들었다고 응답했다. 숙명여대 합격생 트랜스 여성 A씨의 입학 포기 사건도 마찬가지로 약 98%가 사건에 대한 혐오 표현을 들은 적이 있고, 약 92%가 사건과 관련한 사회적 반응으로 인해 어려움을 겪었다고 했다.

2. 한국 사회에서 성소수자 혐오는 어떻게 정당화되고 재생산되는가?

한국 사회에서 성소수자 혐오가 어떻게 정당화되는지 혐오 세력 피켓에 표현된 문구를 기반으로 살펴보고자 한다. 아울러 언론과 미디어에 초점을 맞춰 성소수자 혐오가 미디어

2017년 제9회 대구퀴어문화축제에서 일어난 혐오 세력의 피켓 시위. (사진: 이혜민)

를 통해 어떻게 재생산되는지 알아본다.

혐오 세력의 피켓에서 드러나는 성소수자 혐오 논리

2010년대 중반부터 해마다 개최되는 퀴어문화축제에서 성소수자 혐오 세력을 마주해 왔다. 보수 기독교 집단을 중심으로 하는 반동성애 집단은 퀴어문화축제가 열리는 현장에서 혐오 표현을 가득 담은 피켓을 들고 반대 집회를 열어 축제를 방해해 왔다.

"1남1녀의 결혼, 전통적인 가정, 아름다운 나라"와 같은 문구에서 드러나듯이 반동성애 집단은 성소수자 혐오를 정당화하기 위해 이성애 중심주의와 정상 가족 이데올로기를 자주 활용해 왔다. 이들에 따르면 이성애에 기반을 둔 남성과 여성의 결합만이 자연스러운 것이고, 이렇게 형성된 이성애 부부 관계를 기반으로 어머니, 아버지, 그리고 자녀로 구성된 가족 형태만을 정상적이라고 받아들인다. 이러한 관점에서 동성애는 부자연스러운 것이며, 자녀를 출산하지 못하는 동성애 관계는 가족 내 남성과 여성의 역할을 교란하기 때문에 가족이 지닌 가치를 훼손한다고 본다. 이성애 중심의 결혼 및 정상 가족 이데올로기에 기반을 둔 반동성애 집단의 혐오는 "남자가 여자를, 여자가 남자를 사랑하는 것이 하나님의 참뜻입니다," "동성결혼은 남자가 며느리 여자가 반동성애 집단이 낸 드라마 〈인생은 아름다워〉를 규탄하는 신문 광고(《조선일보》, 2010. 9. 29).

사위," "우리 모두는 엄마 아빠 사이에서 태어났어요"라는 문구를 담은 다른 피켓에서도 잘 드러난다.

2010년에 방영된 드라마 〈인생은 아름다워〉(SBS)의 주인공 커플이 동성애자라는 것이 밝혀지면서 당시 '참교육어머니전국모임'과 '바른성문화를위한전국연합'이라는 반동성애 집단은 〈조선일보〉에 "〈인생은 아름다워〉 보고 '게이'된 내 아들 AIDS로 죽으면 SBS 책임져라!"라는 문구로 광고를 게재했다. 동성애와 에이즈를 연결 지어 성소수자 혐오를 조장하는 것은 반동성애 집단의 주요 전략으로 활용되어 왔다. 특히, '동성애 → 항문 성교 → 에이즈 → 국민 혈세 낭비'로 이어지는 논리는 동성애와 에이즈를 부적절하게 연결 짓고, 각각에 이미 존재하는 혐오를 강화해 이중 낙인을 생산한다. 이렇게 악의적으로 동성애와 에이즈를 연결 짓는 혐오의 논리는 "남성 간 항문성교 끊어 에이즈 막아내자," "동성애, 에이즈 치료비 전액 지원. 국고 손실을 막읍시다," "항문섹스에 대한 하나님의 형벌 바로 에이즈!"라는 피켓 속 문구에서도 찾아볼 수 있다.

이성애 중심의 결혼 및 정상 가족 이데올로기와 동성애와 에이즈에 기반을 둔 문구 외에도 반동성애 집단은 성서에 기반을 두어 성소수자를 혐오하거나("동성애의 죄악! 하나님의 심판!"), 동성애의 선천성·후천성을 놓고 동성애는 치료 가능하다는 주장("동성애, 결코 유전이 아닙니다. 돌아올 수 있습니다")을 통해 '전환 치료'를 강조하기도 한다. 이처럼 비과학적이고 비상식적인 논리를 뒷받침하기 위해 반동성애 집단은 '과학'의 이름을 앞세운 여러 협회와 단체(한국성과학연구협회가 대표적이다)를 설립해 토론회와 강연 등을 개최하기도 하고, 단행본과 유튜브 영상을 통해 성소수자 혐오를 확산시키고 있다.

언론을 통한 성소수자 혐오의 재생산

이태원 지역 코로나19 집단 감염 사례에서도 알 수 있듯이 혐오 세력은 기존에 유통되던 성소수자 혐오 논리를 새로운 사건에 덧씌워 확산시킨다. 앞서 언급한 코로나19 집단 감염 사례와 관련해서 특히 〈국민일보〉와 같은 보수 성향의 언론사에서 성소수자 집단을 악의적으로 보도해 왔다. 동일한 사건을 보도할 때도 각 미디어의 이념적 성향(보수 혹은 진보)에 따라 정파 성향이 드러났다. 강신재 등(2019)은 보수 성향의 언론(〈조선일보〉와 〈동아일보〉)과 진보 성향의 언론(〈한겨레〉와 〈경향신문〉)에서 보도된 성소수자 관련 기사들을 분석하여 정파 성향에 따라 미디어에서 다른 방식으로 보도하고 있음을 밝혔다. 분석 결과, 보수 성향의 언론보다 진보 성향의 언론에서 성소수자와 관련한 기사의 양이 더 많을 뿐만 아니라, 각 보도에서 중점을 두는 부분이 달랐다. 보수 성향의 언론은 개별 성소수자 사례나 사건에 초점을 맞춰 주로 부정적 태도로 보도하는 반면, 진보 성향의 언론은 성소수자 집단이 경험하는 혐오나 차별에 좀 더 중점을 두었다. 언론은 보도를 접하는 대중의 인식을 좌우할 수 있다. 그러므로 사회적 소수자 집단에 대한 혐오 표현을 그대로 전달해 편견을 더 강화하는 '확성기'가 아니라 혐오 표현을 걸러낼 수 있는 자정 작용을 지닌 '필터'로서 역할을 해야 한다는 점을 언론은 간과해서는 안 된다.

침묵은 성소수자 혐오를 길러내는 토양

현재 한국 사회에는 이러한 방식으로 계속해서 재생산되는 성소수자 혐오를 제재하는 강력한 수단이 존재하지 않는다. 성소수자에 대한 혐오가 반동성애 집단에 의해 물리적이고 직접적인 폭력으로 드러났던 2018년 제1회 인천퀴어문화축제에서 한 참가자는 인터뷰에서 이렇게 말했다.

> "끌려가는 상태에서 앞을 보려고 하는데, 눈앞에서 저랑 눈이 마주친 경찰이 아무것도 하지 않고 가만히 서 있었던 게 너무 인상적이었어요. 아 나는 지금 이 사람들이 보호해야 하는 국민이 아니구나. 이 나라의 사람이 아니구나"(《MBC 뉴스》, 2021. 3. 14).

인천퀴어문화축제에 참가했던 이들은 폭력의 책임이 성소수자 혐오 세력뿐만 아니라 이를 방관한 인천동구청장과 인천지방경찰청장, 그리고 당시 현장의 경찰에게 있다고 응답했다. 성소수자와 같은 사회적 소수자 집단을 향한 혐오에 어떠한 제재를 가하지 않고 침묵으로 방관하는 태도는 이 사회 속에서 혐오를 계속해서 길러내는 토양으로 작용할 수밖에 없다.

3. 성소수자 낙인과 혐오가 미치는 영향

몸에 새겨지는 낙인과 혐오

낙인과 혐오는 한 사회 내에서 그 대상이 되는 특정 집단(주로 소수자 집단)을 배척하기 위해 활용되며, 크게 구조적 structural, 개인 간interpersonal, 그리고 개인 내intrapersonal 수준으로 구분할 수 있다. 구조적 낙인은 낙인찍힌 집단의 자원을 제한하고 기회를 박탈하는 사회적 규범, 환경적 상황, 그리고 법·정책을 가리킨다. 성소수자 관련 구조적 낙인으로는 차별이나 폭력, 증오 범죄 등으로부터 성소수자를 보호하는 법·정책의 부재, 동성 간 법률혼의 불인정 등이 있다. 개인 간 낙인은 성소수자를 부정적으로 바라보는 사회의 태도가 개인들 사이에서 작용해 성소수자 당사자에게 부정적인 영향을 주는 것을 가리키며, 주로 일상생활에서의 부당한 대우나 차별, 신체적·성적 폭력이나 증오 범죄의 모습으로 드러난다. 개인 간 낙인은 낙인찍힌 집단에 속한 구성원들이 생각하고 행동하는 과정에 영향을 미치게 되는데, 이로 인해 성소수자는 자신의 정체성에 대한 낙인을 내재화할 수 있다. 또한, 본인이 성소수자라는 사실을 타인에게 숨기거나 성소수자라서 차별을 겪거나 배제당할 것을 먼저 예상해 회피하기도 하기도 한다(Hughto et al., 2015).

한국 사회에서 드러나는 성소수자에 대한 낙인과 혐오역시 구조적, 개인 간, 그리고 개인 내 수준으로 구분해서 살펴볼 수 있다. 특히, 구조적 낙인과 관련하여 성적 지향과 성별 정체성을 차별 금지 사유로 포함한 포괄적 차별금지법이아직 제정되지 않았을 뿐만 아니라 동성혼이 법제화되지 않아 동성 부부의 권리가 보장되지 않고 있으며, 합의에 기반을 둔 동성 간 성관계를 처벌하는 군형법 조항이 2022년 현재에도 폐지되지 않고 있다(SOGI법정책연구회, 2020). 트랜스젠더는 법적 성별을 정정하기 위해서 성확정 관련 호르몬 요법과 외과적 수술을 받아야 하는 엄격한 요건을 갖추어야 한다. 하지만 이러한 의료적 조치가 국민건강보험으로 보장되지 않아 적게는 수백만 원에서 많게는 수천만 원에 이르는 비용을 개인이 온전히 다 부담하고 있다. 설상가상으로 국내 의학 교육 과정에 성소수자의 건강이나 성확정 관련 의료적 조치에 대한 내용이 포함되어 있는 경우는 매우 드물다. 이로 인해 트랜스젠더에게 성확정 관련 의료적 조치를 제공하는 의료진과 의료 기관도 국내에 충분치 않다(김승섭 외, 2018).

그뿐만 아니라, 한국 사회에서 성소수자는 타인으로부터 차별이나 폭력, 괴롭힘을 겪어 왔다. 성인 동성애자·양성애자 2,162명을 대상으로 진행한 국내 연구에 따르면, 20% 이상의 참여자가 최근 12개월 동안 자신의 성적 지향으로 인해 차별을 경험한 것으로 나타났다. 이들은 주로 학교나 거리, 직장 등에서 성적 지향으로 인한 차별을 받았다(Lee et al., 2021a). 동성애자·양성애자 중 다수는 청소년기에도 자신의 성적 지향이나 성별 표현으로 인해서 집단 괴롭힘을 당했다(Park et al., 2022). 심지어 본인의 성적 지향을 바꾸기 위한 목적의 '전환 치료'를 권유받거나 실제로 받아본 경험이 있는 이들도 전체 참여자의 10% 이상인 것으로 나타났다(Lee et al., 2021b). 트랜스젠더를 대상으로 진행한 연구에서는 낙인과 혐오를 바탕으로 한 부정적인 사회 경험을 한 참여자가 더 많았다. 전체 트랜스젠더 참여자 중 65.7%가 단지 트랜스젠더라서 차별을 경험했고(Eom et al., 2022), 20% 이상의 참여자는 트랜스젠더가 아닌 비트랜스젠더로 살아가도록 하는 '전환 치료'를 권유받거나 실제로 받아본 적이 있었다(Lee et al., 2022).

이러한 상황에서 성소수자는 본인의 정체성에 대한 사회적 낙인과 혐오를 내재화할 수 있다. 성인 동성애자·양성애자 2,178명을 대상으로 한 연구(Lee et al., 2019)를 보면, 약 20%의 참여자가 지난 한 해 동안 "만약 누군가가 나에게 완전히 이성애자가 될 수 있는 기회를 준다면, 나는 그 기회를 잡을 것이다"라는 생각을 '때때로' 혹은 '자주' 했다고 응답했다. 성인 트랜스젠더를 대상으로 진행한 연구에서도 참여자의 내재화된 트랜스혐오 수준이 상당히 높은 것으로 나타났다(Lee et al., 2020).

성소수자가 타인으로부터 경험하거나 내부적으로 가지고 있는 성소수자에 대한 낙인과 혐오는 이들의 몸에 새겨져 건강에 부정적인 영향을 끼친다. 본인의 성적 지향이나 성별 정체성 때문에 청소년기에 집단 괴롭힘을 겪은 동성애자·양성애자는 이러한 괴롭힘을 겪지 않은 이들에 비해 성인기 때 우울 증상을 가질 가능성이 1.56배 높았다(Park et al., 2022). '전환 치료' 역시 동성애자·양성애자 참여자의 자살 생각과 자살 시도 가능성을 높이는 것으로 나타났다(Lee et al., 2021b). 본인의 정체성으로 인해 차별을 당한 트랜스젠더 참여자는 이러한 차별 경험이 없는 참여자에 비해 지난

12개월 동안 잠들기 위해 수면제를 먹거나 술을 마시는 등 수면 건강에 문제가 있었을 가능성이 1.48배 높았다(Eom et al., 2022). 차별과 폭력뿐만 아니라 성소수자의 내재화된 혐오도 우울 증상과 자살 생각, 자살 시도의 위험을 높이는 것으로 밝혀졌다(Lee et al., 2019; Lee et al., 2020).

동등한 사회 구성원으로

전 세계적으로 게이, 레즈비언, 바이섹슈얼, 트랜스젠더를 포함한 성소수자에 대한 인식은 긍정적인 방향으로 변화하고 있다. 한국 사회도 과거에 비해 성소수자 정체성을 있는 그대로 받아들이고 이들의 인권을 존중하는 방향으로, 느리지만 조금씩 발전하고 있다. 미국 윌리엄스연구소에서 개발한 성소수자를 인정하고 수용하는 정도를 나타내는 국제수용지수(Global Acceptance Index: GAI)를 기준으로 각 나라의 성소수자 수용도를 0점(낮음)에서 10점(높음)까지 매겨 보았다. 이때, 한국의 성소수자 수용도는 2000~2003년 4.4점으로 전체 174개국 중 99위였지만 2014~2017년 4.9점으로 67위로 상승했다(Flores, 2019).

긍정적인 방향으로 나아가고는 있지만, 한국 사회가 성소수자의 권리를 보장하기 위해 갈 길은 여전히 멀다. 2021년 10월 기준으로 한국은 전 세계 191개국 중 경제 규모 상위 10위에 해당한다. 그러나 성소수자에 대한 사회 수용도는 훨씬 미흡한 수준에 머무르는 예외적인 나라다. 가장 최근인 2014~2017년 GAI 지표를 기준으로, OECD 가입국 중에서 한국(67위)보다 성소수자 수용도가 낮은 나라는 단 5개국(에스토니아, 폴란드, 라트비아, 터키, 리투아니아)뿐이었다. 한국과 경제 수준이 비슷한 이탈리아와 캐나다는 각각 30위와 4위를 차지했다.

성소수자를 낙인찍거나 배제하지 않고 우리 사회의 동등한 구성원으로 받아들이는 것의 중요성에 대해서 애기할 때, 그동안에는 주로 인권적인 관점에서 이야기해 왔다. 이와 더불어 성소수자의 권리를 보장하는 것이 경제적인 측면에서도 한 사회에 큰 영향을 끼칠 수 있다는 점이 해외 연구를 통해 밝혀졌다(Badgett et al., 2014; Badgett et al., 2019). 2019년에 발표된 한 연구는 1966년부터 2011년까지 46년 동안 한국을 포함한 총 132개국에서 동성애 성적 지향의 법적 인정에 대한 국제적 지표(Global Index on Legal Recognition of Homosexual Orientation: GILRHO)를 분석했다. GILRHO 는 각 나라에서 서로 합의된 동성 간의 성관계가 합법적인지, 동성 커플을 위한 등록 파트너십 제도가 있는지, 동성혼이 법률적으로 마련되어 있는지 등 8가지 기준을 기반으로 한다. 각국에서 성소수자의 인권을 보장하는 정도를 나타내는 GILRHO와 각국의 1인당 국내 총생산(Gross Domestic Product: GDP) 사이의 상관관계를 분석해 보았다. 그 결과, GILRHO 지표 1점 증가와 1인당 GDP 2,065달러 증가 사이에 유의미한 상관관계가 있는 것으로 나타났다(Badgett et al., 2019). 성소수자의 인권 보장과 한 나라의 경제 발전 사이의 양적 상관관계를 보여 준 이 결과는 두 가지로 해석해 볼 수 있다. 첫째, 한 나라에서 성소수자의 권리를 더 많이 보장하고 성소수자를 사회적으로 포용하는 정도가 높을수록 그 나라의 경제적 수준이 높다. 둘째, 애초에 경제적 수준이 높은 나라가 성소수자의 법적 권리를 보호하고 사회적으로 포용하는 정도가 높다. 다시 말해 성소수자를 동등한 사회 구성원으로 받아들이는 것과 한 나라의 경제적 발전은 서로에게 긍정적인 영향을 끼친다. 이처럼 성소수자를 우리 사회의 동등한 구성원으로 받아들이는 것이 우리 사회에 어떠한 영향을 끼치는지에 대한 더 다양한 연구가 진행될 필요가 있다.

4. 성소수자 인권 보장을 위해

성소수자에 대한 혐오가 만연한 한국 사회에서 살아가고

있는 성소수자는 자신의 권리를 온전히 보장받기 위해 우리 사회에 어떤 변화가 필요한지 정확하게 알고 있고, 이러한 변화를 이뤄낼 수 있도록 목소리 높이고 있다. 2014년 〈한국 LGBTI 사회적 욕구 조사〉에 따르면, 참여자 총 3,159명이 선택한 가장 중요한 정책 이슈는 "차별금지법 제정"(53.2%), "동성 커플에 대한 법적 결혼 인정"(45.5%), 그리고 "LGBTI에 대한 올바른 정보를 제공하는 교육 과정 마련"(38.6%)인 것으로 나타났다(나영정 외, 2014). 이와 비슷하게 〈트랜스젠더 혐오 차별 실태 조사〉에서도 참여자들이 가장 개선이 시급하다고 응답한 성소수자 관련 제도적 차별은 "다양한 성적 지향 및 성별 정체성을 존중하지 않는 초중고 교육 과정"(97.3%), "포괄적 차별금지법 부재"(96.4%), 그리고 "성전환 관련 의료적 조치에 국민건강보험 미적용"(96.3%)이었다(홍성수 외, 2020).

그러나 성소수자의 권리를 보장하기 위한 한국 사회의 적극적인 노력을 찾아보기란 쉽지 않다. 최근 제37차 유엔 인권이사회(United Nations Human Rights Council: UNHRC)는 국가별인권상황정기검토(Universal Periodic Review: UPR)를 통해 합의하에 이루어진 동성 간 성관계를 처벌할 수 있는 군형법 제92조의6 폐지를 포함한 성소수자 인권 관련 권고 총 23개를 제시하였다. 그러나 한국 정부는 이를 모두 불수용해 성소수자의 권리를 보장하지 않겠다는 단호한 뜻을 표명했다. 포괄적 차별금지법의 경우, 2007년부터 최근까지 수차례에 걸쳐 발의되었지만, 국회의 임기 만료로 폐기되거나 반대 세력의 항의로 인해 철회되어 아직까지(2022년 9월 기준) 제정되지 않고 있다. 특히 보수 기독교 집단을 중심으로 하는 반대 세력은 차별 금지 사유 중 '성적 지향'을 앞세워 차별금지법 제정을 극렬히 반대해 왔다.

2020년 9월 21일, 포괄적 차별금지법을 대표 발의한 장혜영 의원은 국회 법제사법위원회에 상정된 법안에 대한 지지를 호소했다. 그는 포괄적 차별금지법이 "코로나 시대에 바이러스로부터 국민을 지키는 마스크와 같은 것"이며, 이 법안을 통해 시민들이 비합리적인 차별을 받지 않도록 예방하고, 차별을 받았을 때는 피해자를 보호하고 구제할 수 있다는 점을 강조했다. 한국 사회에서 성소수자 혐오가 그 어느 때보다 가시화된 지금, 성소수자가 동등한 구성원으로 살아가기 위해서는 포괄적 차별금지법과 같은 변화가 우리 사회에 필요하다. 따라서 정부는 성소수자의 인권을 보장하기 위해 한국 사회에 필요한 실질적인 변화를 이끌어내야 하고, 그러기 위해서는 성소수자 당사자의 목소리에 귀기울이고 이들과 적극적으로 소통해야 한다.

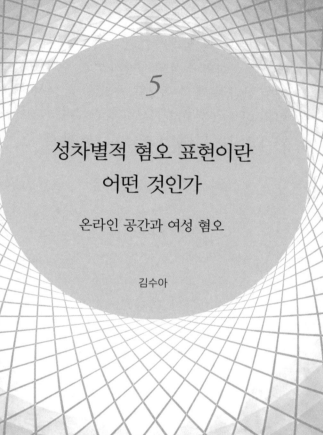

5

성차별적 혐오 표현이란
어떤 것인가

온라인 공간과 여성 혐오

김수아

"

차별의 구조적 성격을 드러내고, 이를 쉽게 유포하는 온라인 문화의 특성을 어떻게 다룰 수 있을지를 논의해야 한다. 웃음이 혐오를 가리는 것, 여성에 대한 차별은 이제 존재하지 않는다는 인식이 구조적 차별을 가리고 있는 문제를 드러낼 수 있어야 한다.

"

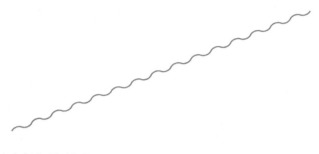

'여성 혐오'라는 문제

2010년대 들어 한국 사회에서 혐오, 혐오 표현의 문제가 사회 쟁점이 되기 시작했다. 여성 혐오misogyny를 비롯해, '남성 혐오,' 청소년 혐오, 노인 혐오, 동성애 혐오, 트랜스젠더 혐오 등 혐오 현상은 다양하다. 이러한 혐오 표현 문제는 온라인 공간의 속성인 익명성이나 전파성 등의 기술적 속성과 관련해 주로 온라인 공간에서 발생하는 것으로 이해된다. 그러나 우리 사회에서 일어나는 혐오는 2010년대 들어 온라인 공간에서 시작된 새로운 현상은 아니다. 2000년대 말부터 스마트폰이 대중화되면서 온라인상에서 이루어지는 소통량이 증가하여 혐오 표현이 양적으로 증가했다고 볼 수 있다. 특히 페이스북, 트위터, 유튜브를 비롯한 새로운 미디어 플랫폼의 등장이 큰 영향을 미쳤다. 이러한 플랫폼은 연결성이 강해서 지인 간 유포가 쉽게 이루어져 혐오 표현 역시 빠르게 확산될 수 있기 때문이다(Keipi et al., 2017).

이와 같은 미디어 환경 변화는 혐오 표현의 심각성에 대한 사회적 공감대를 형성하는 계기가 되었다. 한국 사회에서 혐오 표현 문제에 대한 관심은 2010년대 초반부터 높아졌는데, '일간 베스트' 사이트의 지역 혐오 표현과 고 노무현 대통령에 대한 모욕적 표현 등이 보도되면서 사회 의제가 되었다. 일간 베스트 사이트에 대한 공적 규제는 2013년 11월 방송통신심의위원회의 정보통신윤리 위반 판단으로부터 출발한다고 할 수 있다.[*] 이처럼 사회 문제로 혐오 표현 문제가 대두되면서, 2016년 국가인권위원회가 실태 조사 및 대안 마련을 위한 정책 연구를 하는 등 대응도 본격화되기 시작했다.

그런데 윤보라(2013)가 지적하듯, 이러한 혐오 표현과 관련해 논의할 때 여성 혐오 문제는 제대로 다루어지지 못했다. 온라인 공간의 정서 구조에서 일상화된 여성 혐오 문제는 규제 담론에 포섭되기가 쉽지 않기 때문이다. 특히, 현행 혐오 표현의 규제 체계는 표현 그 자체에만 집중한다. 또한 개념 역시 불분명하다. 방송통신심의위원회의 정보 통신 심의 규정에서 '혐오'는 불쾌감을 불러일으키거나 끔찍하고

[*] 방송통신심의위원회, 일베 청소년 보호 활동 강화 권고. 2013. 11. 27.

불결한 내용 등을 다루는 개념으로 정의되는데, 이는 혐오 표현과는 다른 개념이다. 정보 통신 심의 규정에서는 혐오 표현에 대한 규제 조항이 엄밀히 말하면 없는 상황이다. 방송통신심의위원회는 현재 기존의 유해 정보 틀 내에서 "합리적 이유 없이 성별, 종교, 장애, 나이, 사회적 신분, 출신, 인종, 지역, 직업 등을 차별하거나 이에 대한 편견을 조장하는 내용"을 규제하는 정보 통신 심의 규정 제8조 3항 바목을 혐오·차별 표현 규제 근거로 활용하고 있다. 그러나 무엇이 차별적 내용인지에 대한 합의는 없으며 왜 이러한 표현이 문제가 되는지에 대한 논의가 이루어지지 못했다. 따라서 현재 국내의 혐오 표현 규제는 "청소년에게 유해한," "개인에게 모욕적인" 등과 같은 범주로 혐오 표현의 문제를 제시한다.

개인에 대한 모욕과 비하로 혐오 차별을 이해하는 경향은 2019년 국가인권위원회의 혐오 표현에 대한 인식 조사에서도 확인할 수 있다. 타인을 모욕하거나 비하하는 표현을 타인이 들을 수 있거나 볼 수 있도록 하는 것이 혐오 표현이라는 인식이 다수였고, 이는 근거가 없는 비난 문제로 만약 사실에 근거한다면 혐오 표현이 아니라는 인식이 드러났다 (국가인권위원회, 2019).

이렇게 혐오 표현이 오로지 표현, 특히 저속한 언어에 한

정되어 이해되기 때문에, '남성 혐오'와 '여성 혐오'가 서로 대비되는 구조로 이해되는 현실에 이르렀다. 이는 여성 혐오라는 번역어의 문제도 있다. 서구에서 말하는 여성 혐오는 가부장제의 조직 원리를 명명하는 표현이지만 혐오 표현으로 조어가 구성되면서는 언어 문제로 환원된다. 대중의 인식에서 여성을 '싫어하는' 것으로 여성 혐오를 이해하게 되어 여성 혐오란 여성에 대한 모욕과 욕설을 의미하는 것으로 의미화된 것이다. 이러한 점에서 "내가 여성을 혐오한다고? 내가 얼마나 여자에 환장하는데"라는 발화는 여성 혐오 그 자체를 보여 주는 말이다. 여성 혐오의 개념에는 여성을 대상화하는 것, 여성을 동등한 인간으로 존중하지 않는 것이 포함되며, 해당 발언은 여성을 성적 대상으로 여기는 인식이 담겨있기 때문이다. 하지만 현재의 담론 구조에서는 이러한 여성 혐오의 의미가 이해되기 어렵다.

2. 성차별적 혐오 표현
: 규제 대상으로서의 여성 혐오

성차별적 혐오 표현이란
여성 혐오라는 표현 대신, 혐오 표현 논의에 여성 혐오를 이해하는 방식으로 채택된 용어는 성차별적 혐오 표현sexist hate speech이다. 이는 유럽평의회가 채택한 용어로, 인터넷에 일상적으로 유통되고 있으며 성차별에 기초하여 주로 여성에게 행해진다고 개념화하고 있다. 특정 여성을 향한 괴롭힘의 성격이 강하고, '성적인sexual' 위협, 비하, 모욕 등을 특징으로 한다(Council of Europe, 2016).

이 개념은 기존의 차별 및 혐오 규제에서 여성에 대한 차별이 논의되지 않는 문제를 해결하기 위한 것이기도 했다. 2013년 유럽평의회는 일상 속의 성차별everyday sexism 프로젝트를 진행했다. 여성에 대한 차별은 이미 해소되었으며, 이에 따라 성차별과 여성 혐오 문제 역시 중요하게 다룰 필요가 없다는 인식에 대해 문제를 제기하기 위해서였다(Council of Europe, 2013). 이 프로젝트를 통해 유럽평의회는 온라인 공간에서 특정 여성, 특히 여성 정치인과 언론인을 대상으로 하는 성적 모욕과 위협을 성차별적 혐오 표현 양상으로 제시하게 되었다.

보다 구체적으로 살펴보면, 성차별적 혐오 표현은 여성에 대한 성차별적 고정 관념 표현에서부터 여성을 공격하는 적대적 표현을 모두 포괄하는 것으로 정의된다(Council of Europe, 2016). 성차별적 혐오 표현의 대상은 대체로 여성이며, 그 표현의 특징은 성적 위협과 비하, 모욕을 가하는 것이다.

여성 혐오와 성차별에 공동 대응하는 여성들의 연대. 114주년 세계여성의날
인 2022년 3월 8일 서울시청 앞에서 민주노총 주최로 열린 세계여성의날 정
신 계승 성평등 운동회에서 참가자들이 성차별 타파 등을 주장하며 행진하
고 있다. (사진: 〈연합뉴스〉)

특히 강간 위협의 형태를 중요한 성차별적 혐오 표현의 예로 언급한다. 이는 표적이 된 여성이 심리적 공포감을 느껴 해당 온라인 공간을 떠나게 되는 이유가 되기도 한다. 또한 성적 위협이 활용된다는 점에서 젠더에 기반한 폭력으로 이해될 수도 있다(Council of Europe, 2019).

미디어 환경 변화에 따라 폭력의 양태가 변화하는 점 역시 성차별적 혐오 표현 개념에 포함된다. 언어적 표현은 물론 사이버 스토킹, 이미지 합성을 포함한 이미지 기반 착취image-based abuse가 대표적인 성차별적 혐오 표현으로 간주된다(Council of Europe, 2019). 또한 프라이버시 침해와 협박, 스토킹 등의 범죄 행위가 온라인 공간에서 등장한 새로운 혐오 표현 유형이라고 주장한다. 이러한 폭넓은 범주화는 혐오 표현이 단지 언어적인 것이거나 일회적 현상이 아니라, 온라인에서 활동하는 데 제약이 되고 오프라인에서의 폭력으로 이어지는 연속적 성격 속에 있다고 보기 때문이다. 여성 혐오는 여성을 가부장제가 허락하는 경계 안으로만 그 활동을 제한하는 것이라고 한 케이트 만Kate Manne의 정의가 이와 관련될 수 있다(Manne, 2020).

또한, 여성 혐오는 어떤 사회에나 보편적 형태로 존재하기보다는 여러 사회 구조와 결합하여 작동한다. 현재 사회 구조 변화 중 가장 주목해야 하는 점은 기술 환경 변화다.

즉 온라인 공간의 성차별적 혐오 표현은 기존의 다른 미디어를 통해 진행되어 온 양상보다는 훨씬 더 큰 영향을 미치는 것으로 파악된다. 그리고 온라인 공간이 특수하게 야기하는 혐오 양상 역시 존재한다. 이러한 특수성을 살피기 위해 국내의 성차별적 혐오 표현의 사례를 보면, 비만, 성형에 대한 비하 및 외모 평가, 인종에 따른 여성 외모의 서열 구분, 성기 관련 욕설, 여성 (생식) 능력에 대한 평가 및 비하 등의 내용과 신체에 대한 폭력적 표현, 성 폭력 표현 등이 확인된다(김수아, 2015). 이러한 표현은 특히 이미지 문화와 결합하면서, 특정한 여성 혹은 여성 일반을 공격하여 온라인 공간에서 활동하지 못하게 하려는 의도를 갖는다.

여성 혐오와 성적 대상화

앞서 유럽평의회의 성차별적 혐오 표현 정의에서 주목할 점은 이미지 기반 착취를 여성 혐오 문제로 바라보고 있다는 것이다. 이는 여성 혐오와 성차별의 핵심 기제 중 하나로 여성에 대한 성적 대상화 문제가 다루어져야 하기 때문이다. 또한, 이미지 중심성 및 익명성 기반 커뮤니티를 구성하는 문화의 특성이 성적 대상화 문제를 보다 심각하게 만들기 때문이다.

마사 누스바움Martha Nussbaum(2011/2012)은 성적 대상

화가 일종의 여성에 대한 처벌과 형벌의 의미로 온라인 공간에서 활용되는 것을 주목한다. 누스바움에 따르면, 성적 대상화는 대상을 도구로 취급하거나, 자율성을 갖지 못한 것으로 취급하거나, 대상에 활력이 없는 것으로 취급하거나, 다른 대상으로 대체 가능한 것으로 취급하거나, 언제든지 침입 가능한 것으로 여기거나, 소유할 수 있는 것으로 여기거나, 대상의 경험과 느낌을 고려할 필요가 없다고 여기는 것을 말한다. 이러한 성적 대상화 문제의 핵심은 여성을 인간이 아닌 도구로만 여기는 것을 말하는데, 온라인 공간에서 일어나는 대상화는 여성의 명예와 즐거움이나 일상을 빼앗고 거부권을 박탈당하는 것으로 이어질 수 있다 (Nussbaum, 2011/2012).

온라인 공간의 남성 중심 커뮤니티 문화에서 여성 이미지 공유는 중요한 실천 양식이다. 김수아와 최서영(2007)은 남성 커뮤니티에서 여성 이미지를 '조공짤'과 같은 표현을 통해 공유하는 현상에 대해 분석했다. 여성 이미지 공유는 매우 자연스럽게 이루어져서, 커뮤니티 구성원이 행해야 하는 의례처럼 여겨진다. 이때 공유되는 여성 이미지들이 어떤 여성의 이미지인지, 다시 말해 그 이미지의 대상이 인간인 것에는 관심이 없고, 오로지 감상의 대상으로 여성의 몸 이미지가 자연스럽게 제공되고 있다. 게임과 같은 하위문화에서는 여성의 몸 이미지가 가슴이나 엉덩이 등 성적 신체 부위를 강조하는 관행적 방식을 벗어나면 항의하는 경우도 있다. 게임에서 과장된 가슴을 드러낸 비키니 입은 전사가 인기를 얻는 것이 일종의 포르노화라고 비판하는 목소리는 이러한 맥락에서 등장했다(Collins, 2011). 한국에서는 '서든어택 2'의 이미지에 대한 비판이나, '클로저스'에 등장하는 미성년자 캐릭터가 성인 여성의 몸으로 묘사되는 데 대한 비판이 제기된 바 있다. 이러한 비판은 게임 이미지에서의 성적 대상화가 일상화된 방식으로 자리 잡고 있기 때문에 발생했다고 할 수 있다(《한국일보》, 2020. 4. 30).

성적 대상화 발화들은 특정한 여성을 대상으로 한다기보다는, 남성만의 공동체에서 남성성을 강화하거나 과시하는 행위, 남성적 친밀감을 형성하는 의례로 기능한다. 이는 남성의 성욕 추구가 자연스러운 일이고, 여성이 남성의 성적 수요에 대해서 대응해야 한다는 이성애 중심적 시각을 자연화하는 인식에서 출발한다. 따라서 남성이 여성에 대한 관심을 보이고, 이를 지속적으로 추구하는 것이 자연스럽다는 인식(Hollway, 1989)이 온라인 공간에서의 여성 이미지 공유와 이를 통한 친밀감 구성에 영향을 미친다. 케이트 만(Manne, 2020)은 인셀Involuntary Celibate 담론이 이러한 맥락에서 그 자체로 여성 혐오적 성격이 있다고 주장한다. 인셀은 연애 의사가 있으나 자본주의 구조하에서 연애 시장에서 팔리는 특정한 '상품의 기준'에 이르지 못하여 혼자라는 의미로 쓰인다. 케이트 만은 이러한 담론이 비자발적이라는 말 속에 여성이 당연히 제공되었어야 하는 재화라는 함의를 담고 있기 때문에 여성 혐오로 본다. 그는 여성의 비인간화가 가장 명확하게 표현되는 공간이 인셀 커뮤니티라고 주장한다(Manne, 2020).

또한 이러한 발화는 성적 대상화의 특성, 즉 여성에게 주체성이 없거나 대체 가능한 신체로 환원되는 것을 그대로 드러내기도 한다. 여성에 대한 온라인상의 혐오 표현은 특정한 패턴을 이룬다. 이 중에서 가장 중요한 유형은 외모에 대한 공격인데, 여성이 성적 존재로만 가치가 있다고 여기기 때문에 외모에 대한 공격이 여성에게 큰 모욕감을 준다는 생각으로 실행되는 것이다. 이에 따라 결국 젠더화된 여성의 지위를 설정하기도 하는데, 여성을 매춘부 등으로 모욕하면 모욕적일 것이라는 젠더 구조의 반복을 통해 여성 혐오 표현을 구성하는 것이 그 예다(Jane, 2014).

한편 강간 위협은 여성의 주체성이 마치 없는 것처럼, 그리고 언제나 침입 가능한 신체인 것으로 표상한다는 점에서 여성 혐오적이다. 이는 온라인 공간에서 활동하는 여성을 대상으로 직접적으로 수행된다. 남성 성기 사진을 여성에게 무차별적으로 전송하는 행위는 남성의 노출증적 행위라기보다는 여성을 위협하는 혐오 행위로 보아야 한다. 에마 제인Emma Jane(2014)은 성적 폭력이 종종 교정 수단처럼 언급된다는 점에서, 강간 위협이 온라인 여성 혐오의 결정적 특징이 될 수 있다고 주장한다.

단어의 문제만이 아닌 성차별적 혐오 표현

성차별적 혐오 표현, 특히 여성에 대한 대상화와 폭력 문제가 일간 베스트로부터 출발했다는 인식 때문에 온라인 공간의 혐오 표현에 대한 이해가 한정되는 경향도 있다. 혐오는 온라인 문화 일반에 존재하는 것이 아니라, 특정한 문제적 사이트에 존재하는 것이라는 인식이 언론을 통해 구성되어 대중에게 자연스럽게 인식되었다. 우리는 보통 어떤 표현이 일간 베스트 사이트에서 만들어졌기 때문에 혐오 표현이라고 생각하곤 한다. 트위터의 특정 이용자 그룹이 사용하므로 혐오 표현이라는 인식뿐만 아니라, 특정한 단어가 없다면 혐오 표현이 아니라는 생각도 많다. 하지만 누가 만들어서 어디에서 쓰고 있는가가 혐오를 결정하는 기준은 아니다. 이러한 생각이 종종 '일간 베스트에서 만들어진 삼일한을 쓰지 않는 우리는 여성 혐오를 하지 않는다'는 인식으로 이어질 수도 있다(김수아·이예슬, 2017).

물론, 특정 사이트에서 구성된 특정 밈meme[*]이 혐오 정서를 전달하는 방식으로 활용되고 확장되는 것은 사실이다. 혐오 표현에 대한 연구에서 특정 혐오 사이트의 문제를 거론하는 것은 온라인 공간의 특성과 관련이 깊다. 온라인 공간은 오프라인 공간보다 특정한 취향이나 의견을 추구하는 사람들이 함께 모이고 의견을 나누기 쉽다. 이러한 특성 때문에 극단적인 의견을 가진 사람들이 함께 공동체를 형성하면서 성찰 없이 극단적 의견을 정상적인 것으로 받아들이고 세력화한다. 신나치주의와 같은 극우 사상이 유튜브를 거점으로 하여 확산되거나, 과학적으로 증명된 사실조차 믿지 않고 지구가 평평하다고 믿는 사람들이 모여 공동체를 형성하는 데는 이러한 집단 극화적 온라인 공간의 특성이 관련된다. 일간 베스트 사이트(윤보라, 2013)나, 페이스북의 '김치녀 페이지'(김수아·김세은, 2016) 같은 경우, 해당 공간 내에서는 혐오 표현이 문제로 인지되기보다는 공동체 유지와 결속을 위한 정서 구조로 기능했다. 예를 들어, '김치녀 페이스북 페이지'의 댓글에는 "여자는 때려야 한다," "여성가족부는 악

[*] 온라인 공간의 밈이란 "이미지, 동영상, 문자의 형태로 인터넷을 통해 전달되는 정보의 단위(아이디어, 개념, 신념 등)"를 말한다. 그대로 복제되기도 하지만, 쉽게 변이되고 빠르게 전파된다(조동기, 2016: 220).

마"와 같은 표현과 밈이 유머 코드로 공유되곤 했다.

'김치녀 페이스북 페이지'는 신고가 거듭되자 페이지 운영이 중지되었다. '김치녀'가 여성 혐오 표현의 대표적 사례로 인식됨에 따른 것이다. '김치녀'는 온라인 공간에서 활용되던 여성 호명 표현 중에서 가장 공격적인 표현으로 인식되었다. 이 표현의 문제점을 지적하는 측은 이것이 여성 일반에 대한 공격이라는 점을 강조하기도 했다. 온라인상에서 '김치녀'로 인식되는 여성 이미지를 구분하여 보면, 이기적인 여성, 할 일을 하지 않고 권리만 주장하는 여성, 남성의 돈으로 살아가려는 여성이라고 개념화된다. 이들에게는 도덕적으로 비난받을 만한 이유가 있으며 따라서 이들을 비난하는 게시글은 정당하다고 주장하는 식이다. 그런데 의무 없이 권리를 주장하는 것의 대표적 사례로 언급되는 것은 여성이 군 복무를 하지 않는다는 것이다. 여성이 남성의 돈으로 살아가려 한다는 주장을 하지만, 여성 취업률 문제나 경제 구조의 불평등 문제는 거론하지 않는다. 또한, 성별 임금 격차나 M자형 취업 곡선의 문제는 여성가족부의 왜곡이라고 주장하고 있다(윤보라, 2015). 즉 그럴듯한 도덕적 이유가 있는 것처럼 논의되고, '김치녀'가 도덕 문제가 있는 일부 여성을 가리키는 말이라고 주장하지만, 사실상 여성 전부가 김치녀의 의미망 속에 포함된다는 것이다.

그런데 '김치녀'에 대한 논란은 보통 이 말과 이 말을 듣는 대상이라는 구도에 집중하여, 특정한 나쁜 여자들이 있고 그러한 여자들만 가리키는 말이므로 사실을 기술한 것이지 혐오 표현이 아니라는 주장으로 귀결되곤 한다. 이러한 '진실성'에 대한 호소는 혐오 표현 인식 조사 결과(국가인권위원회, 2019)에서 혐오 표현이 만약 사실에 근거하고 있다면 그것은 의견의 표명이지 혐오가 아니라는 대중의 인식과도 맞닿아 있다.

3. '나쁜 말'은 모두 혐오 표현인가

이렇게 '김치녀' 논쟁이 등장하면서 '한남'과 같은 남성 혐오 표현 역시 존재한다는 주장이 광범위한 대중의 동의를 얻는 일이 생겼다. 이는 메갈리아의 미러링 이후 발생한 논쟁이다. 메갈리아는 거울로 혐오를 비추어 그것이 왜 혐오인지를 알려 준다는 의미인 '미러링'을 전략으로 삼아, '김치녀'와 같은 한국 여성 전체를 비난하는 표현에 대응하는 '한남'이라는 말을 만들어 사용했다(유민석, 2015).

하지만 '남성 혐오'는 '여성 혐오'의 대비되는 의미로 구성되기 어렵다는 주장이 우세하다. 여성학자들은 '혐오'의 정동 정치학에서 남성 혐오라는 것은 가능한 정동이 아님을 증명해 왔다(정희진, 2015). 무엇보다 혐오는 사회적 차별에 근거한 정치적 행위이다. 혐오는 차별을 유지하려는 행위이기 때문에 '남성 혐오'는 모욕적 표현은 될 수 있지만 남성에 대한 차별이 강화되는 혐오 차별 행위라고 보기는 어렵다. 그럼에도 한국 사회에서 '남성 혐오'가 문제되는 것은, 이준웅과 박장희(2018)가 논의한 바, 모든 '더러운 말'을 혐오와 구분 없이 규제하면서 대항 담론적 행위 모두를 결국 혐오로 논의하게 되는 우려를 보여 주는 현상이라고 할 수 있다.

대항 표현은 온라인상의 혐오 표현에 대한 대안으로 논의되어 왔다(Mathew et al., 2018). 그런데 이러한 대항 표현은 그 형태와 유형이 다양할 수 있고, 이 중에서 혐오 표현의 양식을 모방하는 적대적인 표현 유형은 환영 받지 못한다. 모욕적 표현은 감정적 거부감을 발생시키기 때문이다. 미러링 표현은 그 의도 자체가 거울로 비추어 혐오임을 드러내고자 하는 시도로 해당 표현은 혐오 표현의 반사 표현이며 모욕과 비하를 목표로 하는 것이다. 하지만 남성 혐오 논란이 커지게 되는 것은 언론이 주도한 바가 크며, '나쁜 말'이라는 관점에서 혐오와 모욕적 비하를 동치하여 본 문제가 있다.

혐오 표현을 나쁜 말로 보고 이를 규제한다는 것은 사실상 혐오 표현의 해악에 대한 대응은 아니다. 또한 혐오 표현의 법적 규제는 선동적 혐오를 강력하게 처벌하는 것으로 하고 형성적 규제의 차원에서 이를 바라볼 것을 요구하는 방향으로 정리되곤 한다(홍성수, 2015). 사실상 나쁜 말의 규제란 공적 규제보다는 공동체의 자율성을 확보하는 방향으로 진행되어야 한다. 이를 홍성수(2015)는 형성적 규제로 표현한다.

하지만 공적 규제에서도 모욕적 표현을 중심으로 차별 비하 표현을 규제하고 있으며, 이를 자동화 기술 대안으로 접목하려고 하는 시도가 이어진다. 네이버 등 포털 서비스의 자율 규제는 '나쁜 말' 목록을 학습하는 것을 통해 이루어진다. 이는 단어 기준으로 이루어지기 때문에, 현실성 즉 표현의 변형이 일어나는 것에 바로 대응하지 못하는 점과, 문화적 맥락에서 활용되는 어떤 것은 일상어의 수준에서 차별과 혐오를 전파하지만 이를 규제하기 어렵다는 한계가 있기도 하다. 게임 내에 참여한 여성 이용자가 있을 때 채팅창에 올라오는 '불고기 먹고 싶다'는 말을 들은 여성의 사례는 바로 이러한 경우다(이동후 외, 2019). 음식에 대한 표현인지, 여성에 대한 성적 대상화 표현인지 구분하기 어렵기 때문이다. 일부 온라인 커뮤니티는 여성 성기를 불고기로 표현하는 경우가 있다. 단어 기반 규제는 이를 다룰 수 없으며, 채팅에 참여한 여성만 불쾌감을 경험하며 게임 문화에서 멀어지게 되는 결과를 낳게 된다.

이는 기존의 언어적 표현 규제가 무용하다는 의미는 아니다. 최소한으로 사용되어서는 안 될 표현을 판별하는 것은 중요하다. 문제는 어떤 표현이 왜 이 범주에 포함되는지를 우리 사회가 논의하지 못하고 있다는 것이다. 여성 혐오가 문제되는 이유를 다시 논의하여 보자면, 이는 여성의 시민권이 부인되는 과정이기 때문이다. 동등한 존재이자 인간으로서의 권리를 인정받지 못하는 상황을 보여 주는 것이 성차별적 혐오 표현의 문제다. 온라인상의 '여성 혐오' 표현 유형 중 지배적인 것이 성적 대상화와 관련되어 있고 이는 여성을 동등한 시민으로 인정하지 않는 문화적 인식 속에서 가능한 것이다(김수아, 2015). 백영경(2013)이 여성에게 성적 시민권이 있는지를 질문한 것은 현재 한국 상황에서 욕설이나 다양한 온라인 공간의 혐오 표현에서 여성의 시민권 부인이 지속적으로 전시되고 있기 때문이기도 하다.

이처럼 시민권을 부인하면서 오히려 타자가 권리를 더 많이 갖고 있다는 주장이 제시되는 것은 '성소수자 혐오'의 경우에도 유사하다. 보수 개신교 집단이 성소수자는 집단적 특권을 누린다고 주장하며 약자가 아닌 성소수자를 위하는 차별금지법이 문제라는 주장을 펼칠 때, 이 과정에서 혐오의 대상이 되는 집단의 권리를 부정하는 특성을 보인다(나영, 2018).

특정한 표현을 혐오로 지정하는 것은 이러한 점에서 혐오 표현의 문제를 해당 표현을 쓸지 말지를 결정할 수 있는 개인의 도덕적 역량 문제로 전환하게 만든다.

김주희(2016)는 여성의 차별 문제는 구조적인 차원을 드러내야 하며, 개인의 도덕성 문제로 치환될 수 없다고 강조했다. 차별이 왜 정상적인 것인가? 시민권이 왜 이렇게 배치되는가? 누가 여기에 누락되는지를 묻는 것이 혐오 표현과 관련하여 먼저 질문해야 할 사항이다. 이렇게 논쟁을 이동시켜야, 남성 혐오 표현의 문제와 같은 불필요한 논란을 벗어날 수 있기도 하다.●

4. 여성을 호명하는 표현의 역사와 여성 혐오

여성 호명 표현의 변화

비교적 최근에 생긴 온라인 밈에 대한 비판인 '남성 혐오' 논쟁에 비해, 여성 혐오는 온라인 공간에서만 한정하여 보

● 현재 쟁점이 되고 있는 이른바 '남성 혐오' 표현을 '나쁜 말'로 간주하는 것은 가능하다. 사회 통념상 욕설에 대해 '고운 말'을 쓰는 것이 좋다는 인식이 있으므로, 이러한 표현을 '나쁜 말,' 즉 모욕의 범주에 두고 네티켓 등의 언어 윤리 차원으로 논의할 수 있다.

혐오 범죄 피해자 추모와 연대 메시지. 2016년 5월 20일 서울 강남역 10번 출구 앞에서 17일 새벽 인근 공용 화장실에서 일어난 살인 사건의 여성 피해자를 시민들이 추모하고 있다. (사진: 〈경향신문〉)

더라도 그 역사가 깊다. 한국에서 온라인 공간이 형성된 초기에서부터 이용자에 의한 성차별 문제 제기가 있어 왔다. PC 통신 공간에서 여성 이용자에게 쪽지 등 개인 통신 수단을 사용해 성적 접근을 하거나, 토론장에서 여성의 발화를 막는 행위에 대해 여성 이용자들은 고통을 호소하였으며, 1998년경부터 한국여성의전화 등은 사이버 성희롱 행위에 대해서 상담 접수를 받기 시작했다. 권김현영(2000)은 군가산점제 위헌 판결 이후 일어난 사이버 공간의 여성에 대한 폭력을 사이버 테러로 명명하기도 했다. 여성 이용자 개개인에 대한 모욕과 비하는 물론 이화여자대학교 전체에 대한 비하 형식으로 나타났으며, 안티이대카페 등이 포털 서비스를 통해 형성되고 운영되었다.

이기적이고 비도덕적 여성이라는 여성 호명은 2005년 '개똥녀 사건'에서도 볼 수 있다. '개똥녀 사건'은 온라인 공간에서 여성이 명명되고 또 이것이 전체 여성의 특성으로 전환되는 과정을 잘 보여 주었다. 이 사건은 공중도덕의 문제, 온라인 공간을 통한 신상 노출과 사이버불링의 문제 등으로 다양하게 설명하고 있지만, 그 근간 중 하나는 여성 혐오라고 할 수 있다. 공공장소에서 불법 혹은 비도덕적 행위를 하는 사람 중 여성이기 때문에 더 비난이 심해지는 경우에 해당하기 때문이다. 같은 시기 유행하던 단어 중 하나는

된장녀다. 여성을 소비와 연결한 후 이를 사치나 허영과 연관지어 여성을 비난하는 기제로 활용하는 것은 오래된 여성에 대한 고정 관념이다. 여성 혐오를 가부장제의 핵심 구조라고 할 때, 여성을 가부장제가 원하는 자리에 있는 여성과 아닌 여성으로 나누는 것이 기본적 작동 방식이며 여기서 가부장제가 부정하는 여성성은 소비와 사치를 일삼아 가정을 건전하게 유지할 수 없는 여성이다.

또한 여성이 사치와 연결될 때, 여성이 남성의 돈으로 사치한다는 의미가 연결되어 있다. 여성이 경제적 주체가 아니라 소비 주체라는 인식 즉 성별 고정 관념이 관여한다. 된장녀는 소비 주체로의 여성, 허영을 부리는 여성의 의미에 남성의 돈을 이용해 소비한다는 의미가 추가되어 격화된 의미망이라고 할 수 있다.

이와 같은 호명 외에도, 언론 등을 중심으로 여성을 항상 −녀女로 지칭하여 보편적 남성과 달리 여성을 특정한 존재로 지칭하는 것이 여성 혐오로 지적되어 왔다. 이러한 명명은 언론사들이 제목에서 부각하는 방식으로 알려졌지만 사실상 온라인 남성 중심 커뮤니티에서 음란물 공유시, 해당 음란물을 지시하는 표현, 스포츠 중계 중 등장하는 여성에 대한 지칭 등 시각적 대상이자 품평의 대상으로 여성을 간주해 온 온라인 문화에서 배태된 것이다. 야구 중계 중 응원하는 여성이 비치면 해당 여성의 옷이나 화장, 특성 등을 중심으로 명명이 되었는데, 실시간 중계에서 '모자녀'의 외모가 어떠하다는 식으로 사용되곤 했다. 이는 여성이 특정한 신체, 외모를 중심으로 환원되는 여성 혐오의 특성을 보여 준다.

성차별적 혐오 표현의 복합적 특성

여성 집단의 서열화를 통해 여성을 나누어 통치하게 되는 여성 혐오의 원리에 따라, 성차별적 혐오 표현은 전업주부인 여성과 사회 진출한 여성에 대해 다른 방식으로 작동한다. 그리고 이기심을 그 근거로 들어 모욕과 비하를 정당화하는 경향이 있다. 어머니를 비하하는 표현으로 굳어진 '맘충'은 양육 담당자로 여성을 호명하면서 무능력하고 비합리적이며 이기적인 사람으로 묘사한다. 더 나아가, 공공장소에서 비도덕적 행위를 하는 어머니를 호명하던 표현들은 전업주부 일반으로 확대되는 경향을 보인다. "집에서 널브러진 맘충"과 같은 표현은 뉴스 댓글 등에서 찾아볼 수 있는 표현으로, 전업주부는 가사 노동과 돌봄 노동을 수행하고 있지만, 이를 인정하지 않고 놀고 있는 여성으로 재현한다(이설희 외, 2020).

사회 활동을 하는 여성에 대한 비난은 여성이 해당 업

무에 적합하지 않다는 의미를 담고 있다. 이러한 혐오 표현을 대체로 고정 관념 형태로 표현되기에 흔히 생각하는 모욕이나 비하의 범주에 포함되지 않지만, 사회적 효과는 여성의 배제로 나타난다. 예를 들어 전문직종 중 여성 경찰이나 여성 소방관에 대한 성차별적 혐오 표현들은 "여경 대신 셰퍼드 군견 늘리는 게" 나으며 "소방관도 여군도 여성부도 없어"져야 한다는 식으로 표현되고 있다(이설희 외, 2020). 이는 통상적으로 규제되는 비하나 모욕이 아니기 때문에 포털 서비스들이 자체적으로 실시하는 자율 규제에서도 규제되지 않는 표현이다.

또한 온라인 공간에서 나타나는 성차별적 혐오 표현은 다른 소수자 혐오와 결합하는 양상을 보인다. 미국의 경우 주로 인종 차별과 연동되는 문제가 논의되고 있는데(Barker & Jurasz, 2018), 공격적 표현이 인종적 특질과 성적 특질을 함께 연동하여 구사되는 경우가 많기 때문이다. 한국의 실증 연구에서도, 인종이나 민족과 결합하는 경우가 주로 중국과 관련된 혐오와 여성 혐오가 연동되는 것으로 나타나기도 했고, 지역, 성소수자 등이 성차별을 위해 동원되는 경우도 많았다(이설희 외, 2020). 소수자에 대한 고정 관념이 여성과 교차하는 경우, 비하 강도를 높이기 위해서 소수자 정체성을 동원하는 경우가 흔하게 발견되고, 강도를 높이기 위한 표현이므로 폭력성 수준이 높아진다. 로라 톰슨Laura Thompson(2018)은 온라인 괴롭힘에서 인종 차별과 성소수자 혐오가 성차별주의와 함께 작동하고 있으며 그렇기 때문에 온라인 혐오 표현이 소수자 폭력을 조장하는 도구가 된다는 점을 명확하게 한다.

5. 온라인 공간은 혐오 표현을 확산시키는가

온라인 공간의 성차별적 혐오 표현은 유머로 인지되고 밈으로 만들어져 퍼지고 있다. 이는 온라인 공간의 주요 자원이 유머이기 때문이다. 온라인 공간의 특성인 전파성과 영속성에 따라, 유머화된 혐오의 형태는 쉽게 받아들여진다. 한국에서 여성가족부에 대한 루머, 예를 들어 여성가족부가 특정 과자를 여성 비하적이라는 이유로 금지했다는 루머는 여전히 온라인상에서 지식의 형태로 유포되어 확산된다.

이러한 확산의 방식이 밈을 통해 이루어지고 있다. 밈으로 구성되는 성차별적 혐오 표현의 특성 중 하나는, 초기 DM, 메시지, 댓글 등의 형태로 이루어지는 특정 여성에 대한 공격을 넘어서 여성 일반에 대한 혐오 확산 방식으로 구성된다는 것이다. 그리고 이것이 유머라고 주장된다. 그런데 유머는 타인을 비웃는 우월성을 증명하는 웃음의 특성을 갖고 있고, 따라서 온라인 공간에서 떠도는 유머들은 이러한 타인의 비하에 근간을 두고, 냉소와 조롱을 통해 공동체 의식을 공유하는 방식으로 작동한다(김학준, 2022). 이러한 유머는 혐오 표현의 문제를 인식하지 못하게 만든다. 김민정(2021)의 연구에서, 성적 대상화 표현 유형 세 가지 중 유머 소구형에 대해서만 혐오 표현 해당도 평가가 낮게 나타났다. 유머가 개입될 경우 문제점에 대한 인식이 낮아진다는 선행 연구의 지적과 연결되는 결과다(김민정, 2021).

밈의 형태로 이루어지는 여성 혐오는 노골적인 성차별 형태로 이루어지기도 하지만, 여성의 지위가 낮지 않기 때문에 이러한 것이 웃음의 요소가 된다고 주장하는 방식으로 나타나기도 한다. 이러한 종류의 혐오 차별에는 대응이 어렵다. 실제로 여성 혐오 양상을 보면, 여성을 물리적으로 배제하는 방식으로 작동하는 경우도 있지만 일종의 관념적 배제가 되는 경우가 공존한다(이승현, 2016). 여성은 성차별을 받지 않고 있다는 세계관 속에서, 여성의 목소리를 비하하는 성차별적 혐오 표현은 해당 여성이 문제라는 근거가 있기 때문에 혐오가 아니라고 주장된다. 이러한 상황에서 여성의 상황이나 성차별 경험은 과장이거나 예민으로 여겨지면서 관념적 배제가 일어난다. 예를 들어, 여성의 신체 사진이 온라인 게시판에 공유될 때 게시판 이용자들이 다는 댓글에서 종종 외모 평가와 성적 함의를 갖는 표현을 볼 수 있지만, 이것은 차별이 아니라 칭찬이라고 인식된다. 이에 대한 문제 제기를 하면 유난이라거나, 자신의 몸은 아름답지 않기 때문에 질투하는 것이 아니냐는 반응을 받게 된다.

게다가 한국 온라인 공간에서 자주 볼 수 있는 성차별적 혐오 표현의 특성은 사회적 배제 주장, 폭력의 정당화나 위협, 강간 위협과 성적 대상화 등의 다양한 혼재 영역이라는 것이다. 일상화된 여성 혐오 표현들은 여성의 공론장 참여를 제한하고, 이를 자연화된 상태 즉 여성의 침묵을 자연화된 상태로 간주한다는 점에서 문제다.

결국 문제 핵심은 우리 사회가 아직 차별에 대한 합의가 이루어지지 않은 채로 차별을 양산하는 혐오의 문제가 아닌, 더럽고 나쁜 말의 문제로 혐오를 바라보는 것에 있다. '사람들의 다양한 차이'에 근거한 비하 모욕 표현이 차별 표현이라는 정의가 유통되는 상황이라면, 표현의 규제가 가져오는 효과는 결국 '차별'이라는 사회적 문제를 나쁜 말의 규제라는 방식으로 평면화시키는 것에 불과해진다. 사회적 소수자에 대해서 동등한 시민권을 가진 존재로 인정하지 않는 문화적 발화 양식임에도 나쁜 말이 아니라는 이유로 개인 의견이고 표현의 자유 권리를 실행한 것으로 취급되는 것이다.

따라서 성차별적 혐오 표현에 대한 국가의 개입은 개별

적인 말을 문제시하는 규제 방식이 아닌 사회적 혐오를 이론화하는 공적 담론의 영역이어야 한다. 차별의 구조적 성격을 드러내고, 이를 쉽게 유포하는 온라인 문화의 특성을 어떻게 다룰 수 있을지를 논의해야 한다. 웃음이 혐오를 가리는 것, 여성에 대한 차별은 이제 존재하지 않는다는 인식이 구조적 차별을 가리고 있는 문제를 드러낼 수 있어야 한다. 이러한 점에서 최근 혐오 표현 문제는 디지털 미디어 리터러시와 연결되기도 한다. 타자를 어떻게 만날 것인가를 사고하는 것이 디지털 미디어 리터러시의 가장 근본적 출발 지점이기 때문이다.

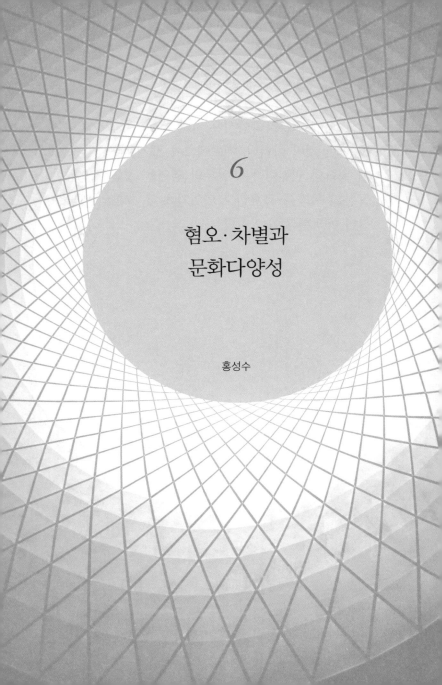

6

혐오·차별과
문화다양성

홍성수

"

혐오·차별과 문화다양성은 전혀 다른 두 개념이 우연히 만난 것이 아니다. 애초에 2차 세계 대전 이후 세계 평화와 안전이라는 인류의 염원을 실현하기 위한 공통의 목적을 공유하고 있었기에 두 흐름의 만남은 전혀 어색한 것이 아니다.

"

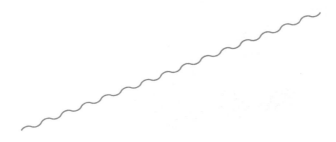

혐오·차별과 문화다양성은 하나의 맥락에서 논의된 적은 거의 없었고 각자 다른 길을 따라 발전해 온 개념이다. 하지만 이 둘은 서로 매우 밀접한 관련이 있다. 일례로 코로나19 확산 이후 유럽과 미국에서는 아시아인에 대한 혐오 범죄가 크게 늘었다는 뉴스를 접할 수 있었다. 아시아인에 대한 편견이 팬데믹이라는 위기 상황에서 더욱 기승을 부리게 되었고, 아시아인에 대한 혐오 표현, 차별, 혐오 범죄가 동시다발적으로 확산된 것이다. 문화다양성은 문화가 표현되는 다양한 방식을 뜻한다. 혐오 표현이나 혐오 범죄는 갑자기 하늘에서 뚝 떨어지는 것이 아니다. 한 사회의 구성원들 사이의 마음속 한 켠에 잠재해 있던 편견이 어떤 계기를 통해 밖으로 표출되는 것이다. 코로나19를 틈타 혐오 범죄가 확산될 수 있었던 것은 문화다양성, 특히 인종적 차이로 인한 다양성이 충분히 존중받고 보호받지 못했다는 것을 뜻한다. 인종적 다양성이 존중되었다면, 코로나19의 책임을 아시아인

2021년 3월 18일 미국 조지아주 애틀랜타에서 발생한 총격 현장에서 시민들이 동양인 대상 혐오 범죄와 여성 폭력 중단을 촉구하며 시위를 벌였다. 이틀 전 이곳을 포함한 애틀랜타 일대 세 군데에서 연쇄 총격이 발생하였다. 이때 숨진 8명 중 6명이 아시아계 여성이었다. (사진: 〈연합뉴스〉)

에게 떠넘기는 어이없는 일도 없었을 것이고, 인종이 다르다는 이유로 범죄의 대상이 되는 일도 없었을 것이다. 우리는 같은 문제를 두고, 한 편으로 '혐오와 차별에 맞서 싸우자,' '혐오 범죄를 엄벌하자'고 얘기할 수도 있고, 다른 한 편으로, '문화다양성을 보호하자,' '문화다양성이 충분히 존중되는 사회를 만들자'고 말할 수도 있다.

팬데믹 이후 아시아인에 대한 인종 차별과 혐오가 확산되자, 한국의 글로벌 스타들도 이에 반대하는 메시지를 낸 바 있다. 한국인 최초로 아카데미 연기상을 받은 배우 윤여정은 온라인 기자 간담회에서 "사람을 인종으로 분류하거나 나누는 것은 좋지 않다," "남성과 여성으로 구분하고 백인과 흑인, 황인종으로 나누거나 게이와 아닌 사람을 구분하고 싶지 않다," "우리는 따뜻하고 같은 마음을 가진 평등한 사람"이라고 말했다. 세계적인 아이돌그룹 BTS는 "우리는 인종 차별에 반대합니다. 우리는 폭력에 반대합니다. 나, 당신, 우리 모두는 존중받을 권리가 있습니다. 함께하겠습니다"라고 말했다. 이들의 메시지에는 혐오·차별에 반대하고 문화다양성을 보호·증진하자는 내용이 절묘하게 어우러져 있다. 혐오·차별과 문화다양성은 애초에 분리될 수 없는 문제다.

이 장에서는 혐오·차별과 문화다양성의 개념을 소개하고 어떻게 관련 논의들이 발전해 왔는지 살펴본다. 그리고 이 두 개념이 같은 맥락에서 논의될 수 있다는 점을 다시 한 번 자세히 설명하고, 향후 논의의 방향에 대한 전망도 제시 하고자 한다.

1. 혐오·차별의 문제

혐오, 혐오 표현

혐오라는 말은 국어사전에도 있는 일상어다. 하지만 혐오·차별이라는 맥락에서 사용되기 시작한 것은 2010년대 이후에 헤이트 스피치hate speech, 헤이트 크라임hate crime 등의 개념이 수입되면서부터다.

먼저 헤이트 스피치는 보통 '혐오 표현'이라고 번역된다. 국제적 공식 문서에 혐오 표현 문제가 규정된 것은 1966년 "시민적 정치권 권리에 관한 국제 규약International Covenant on Civil and Political Rights"과 1965년 "모든 형태의 인종 차별 철폐에 관한 국제 협약International Convention on the Elimination of All Forms of Racial Discrimination"이다. 유엔이 설립되고 1948년 세계 인권 선언을 성안할 당시만 해도 표현의 자유의 중요성만 강조되었다. 하지만 그 후 표현의 자유에도 일정한 '한계'가 있을 수 있다는 점에 착목하여 표현의 자유에 대한 '예외'를 명문화해야 한다는 목소리가 높아졌다. 그 결과 "시민적 정치권 권리에 관한 국제 규약"은 "차별, 적의 또는 폭력의 선동이 될 민족적, 인종적 또는 종교적 증오의 고취"는 법률로서 금지된다고 규정했고, "모든 형태의 인종 차별 철폐에 관한 국제 협약"은 "인종적 우월성이나 증오, 인종 차별에 대한 고무에 근거를 둔 모든 관념의 보급"과 "인종 차별을 촉진하고 고무하는 조직과 조직적 및 기타 모든 선전 활동"을 처벌해야 하는 범죄로 규정했다. 즉 이들 표현은 표현의 자유로서 보호되지 않는다는 점을 분명히 한 것이다. 그 후 유럽의 여러 국가는 혐오 표현을 형사 처벌하는 혐오표현금지법hate speech law을 법제화했다. 국제적인 논의는 2010년대 들어 다시 본격화되기 시작했다. 대표적으로 유네스코에서 발간한 2015년 '온라인 혐오 표현에 대항하기'라는 문서에서는 혐오 표현을 "특정한 사회적, 인구학적 집단으로 식별되는 대상"에 대한 차별, 적의, 폭력의 선동으로 정의한 바 있다(UNESCO, 2015).

지금까지 혐오 표현은 형사 처벌의 대상을 전제로 한 개념이다. 이러한 유형의 혐오 표현을 특별히 증오 선동 incitement to hatred이라고 부르기도 한다(이주영, 2015; 김지혜, 2015). 증오 선동의 핵심은 차별, 적의, 폭력을 '선동'하는 것에 있다. 그런데 선동에 해당하지는 않지만 어떤 집단을 모욕,

비하, 멸시하거나, 편견을 조장하는 식의 혐오 표현도 결코 간과해서는 안 되는 문제를 야기한다는 주장이 제기되었다. 예를 들어, '이주 노동자를 쫓아내자,' '성소수자를 공격하자'는 식의 혐오 표현은 그동안의 증오 선동 개념에 충분히 포함되겠지만, '흑인은 무능하고 책임감이 없다,' '동남아시아인들은 게으르고 지저분하다'는 식으로 편견을 조장하는 말은 증오 선동이라고 보기는 어렵다. 하지만 사회에서 자주 발화되고 문제가 되는 것은 후자의 경우가 더 많다. 그래서 형사 처벌의 대상인 증오 선동뿐만 아니라, 편견을 조장하는 표현까지 널리 혐오 표현이라고 개념 규정하게 되었다. 혐오 표현을 "사람을 향해 차별적 혐오를 표현하는 모든 것"(Article19, 2015)이라고 국제 인권 기구인 아티클19가 규정한 것이 대표적이다. 2019년 유엔에서 발간된 〈혐오 표현에 대한 전략 및 행동 계획〉에서는 다음과 같이 혐오 표현 개념을 규정했다.

"어떤 사람이나 어떤 집단과 관련하여 그들이 누구인가를 근거로, 달리 말하면 그들의 종교, 종족, 국적, 인종, 피부색, 혈통, 성 또는 기타 정체성 요소identity factor를 근거로 하여 이들을 공격하거나 경멸적이거나 차별적인 언어를 이용하는, 말, 문서 또는 행동으로 하는 모든 종류의 소통." (UN, 2019)

비슷한 시기에 국가인권위원회에서도 보고서 〈혐오 표현 리포트〉에서 혐오 표현을 다음과 같이 정의했다.

"성별, 장애, 종교, 나이, 출신 지역, 인종, 성적 지향 등을 이유로 어떤 개인·집단에게 1) 모욕, 비하, 멸시, 위협 또는 2) 차별·폭력의 선전과 선동을 함으로써 차별을 정당화·조장·강화하는 효과를 갖는 표현." (국가인권위원회, 2019)

여기서 혐오 표현의 개념에 성별, 장애, 종교, 나이, 출신 지역, 인종, 성적 지향 등의 '정체성 요소'가 포함되어 있다는 점에 주목해야 한다. 혐오 표현이 일반적인 욕설이나 비하 표현과 구분되는 것이 바로 이 부분이다. 그냥 욕한 것이 아니라 누군가가 여성이라는 이유로, 장애가 있다는 이유로 욕을 했다면 혐오 표현이 될 수 있다. 이러한 정체성 요소는 차별이나 혐오 범죄의 이유가 되기도 한다는 점에서 '차별 금지 사유'라고도 하고, 정체성 요소로 구분되어 차별받지 않도록 보호되어야 한다는 뜻에서, '보호되는 속성protected characteristics'이라고 불리기도 한다(홍성수, 2021).

대표적인 정체성 요소인 '인종'을 예로 들어 생각해 보자. 누군가에게 모욕적인 말을 했는데, 그렇게 말한 이유가 '인종적 이유'인 경우가 있다. 인종이 다르다는 점이 그런 말을 하게 된 주된 동기인 것이다. 다르게 말하자면, 인종이 다르지 않았다면 그런 말을 하지 않았을 것이다. 이때 표현 자체에 인종적 이유라는 점이 분명하게 표시되는 경우도 있고, 어떤 상징을 이용하는 경우도 있고, 표현 자체에는 인종적인 부분이 없지만 발화의 맥락상 인종적 이유에서 비롯되었음을 확인할 수 있는 경우도 있다.

그렇다면 이렇게 정체성 요소를 이유로 혐오 표현을 특별히 구분하여 개념화하고 대응책을 마련하자고 하는 이유는 무엇일까? 그것이 혐오 표현이 다른 표현과는 구분되는 특별하고 중대한 해악을 가지고 있기 때문이다. 예를 들어, A가 B를 모욕했다고 해 보자. A는 모욕죄로 처벌될 수 있고 B는 민사 소송으로 피해를 배상받을 수도 있을 것이다. 그런데 A가 B를 모욕한 이유가 B가 무슬림이기 때문이었다면 상황은 어떻게 달라질까? 일단 B의 피해에 주목해 보자. 모욕을 당했으니 당연히 기분이 안 좋겠지만 모욕당한 이유가 종교적인 것이라면 그 이상의 문제가 생긴다. 무슬림이라는 나의 존재가 부정당했다는 느낌이 들 수 있다. 그런데 문제가 여기서 그치는 것이 아니다. B는 다른 상황에서도 A가 아닌 다른 사람에 의해서 내가 무슬림이라는 이유로 모욕당할 수 있다는 생각을 하게 된다. 어딜 가도 차별을 당하거나 폭력을 당할 수 있다는 공포감에 떨 수도 있다. 내가 무슬림이라는 정체성을 유지하고 있는 이상 그 사회에서 시민으로서의 정당한 대우를 받지 못할 것이라는 두려움을 갖게 된다는 것이다. 실제로 혐오 표현을 당한 사람들이 정신적 외상을 입는다는 여러 연구 결과가 있다(홍성수 외, 2016). 게다가 그 피해는 B에게만 머무는 것이 아니라, B가 속한 집단, 즉 무슬림 집단 전체에게 미치게 된다. 사회 전체에 미치는 영향도 있다. A가 B를 모욕했다고 해서 모욕이 유행처럼 번지지는 않을 것이다. 그런데 A가 B를 무슬림이라는 이유로 모욕했는데 별다른 제재를 받지 않고 유야무야된다면 사회 전체에 '무슬림은 모욕당해도 상관없다'는 메시지를 줄 수 있다. 더 나아가 좀 더 적극적으로 무슬림을 차별하고 공격해도 좋다는 신호가 될 수 있다. 혐오 표현만 나쁜 말이라는 뜻이 아니다. 모든 모욕은 다 나쁘다. 종교적 이유가 아닌 모욕도 법적, 사회적 제재가 필요하다. 하지만 종교적 이유에서 비롯된 혐오 표현은 다른 표현과 구분되는 특별하고 중대한 해악을 초래한다. 이것이 우리가 '혐오 표현'을 특별한 대상으로 삼아 대응해야 하는 이유다(홍성수, 2018a).

차별과 혐오 범죄, 집단 학살

혐오 표현 자체의 해악도 있지만 어디까지나 '표현'이기 때문에 사회에 미치는 영향은 어느 정도 제한적이다. 혐오 표현이 사회에 악영향을 주기도 하지만(홍성수, 2015; 2019b), 때로는 그 표현은 아무에게도 영향을 미치지 못한 채 사라져 버리기도 한다. 예를 들어, 광화문 광장에서 "나는 성소수자가 싫다"라고 떠들고 다니는 사람이 있다고 해도, 그 누구도 그런 말에 귀를 기울이지 않고 영향을 받지도 않는다면 그 발언은 그냥 공기 중에서 사라져 버리는 것이다. 그래서 혐오 표현을 법으로 금지하고 형사 처벌하는 국가도 있지만, 사회적, 정치적 대응을 통해 그 영향을 차단하는 것으로 충분하다고 보는 국가도 있다.

혐오 표현이 다른 행동을 촉발시키는 경우가 있다. 차별, 혐오 범죄, 집단 학살 등이 그것이다. '성소수자가 싫다'는 말이 공기 중으로 증발해 버리면 다행이지만, 다른 사람에게 영향을 미칠 수 있다. 광장에서, TV에서 성소수자가 싫다는 말을 거리낌 없이 해도 되는 사회라면 사람들은 성소수자에 대한 차별도 아무렇지 않게 받아들이게 될 가능성이 높다. 학교에서 놀리고 괴롭힘을 당하는 대상이 될 수도 있고, 입학, 입사, 승진에서 불이익을 겪을 수도 있다. 이것이 바로 차별discrimination이다. 차별은 폭력으로 이어지기도 한다. 동등하게 대우받지 못하고 무시당하거나 경멸의 대상이 되면 폭력의 대상이 되기 십상이다. 실제로 혐오와 차별로 고통받는 집단은 손쉽게 폭력의 피해자가 되는 경우가 많다. 이렇게 특정 집단에 대한 편견과 혐오가 범죄의 동기가 된 경우, 이를 혐오 범죄hate crime라고 한다. 그리고 심지어 의도적, 조직적 말살의 대상이 되기도 하는데, 이것을 집단 살해genocide라고 부른다. 결국 혐오 표현, 차별, 혐오 범죄, 집단 살해는 동일한 기원을 가진 서로 다른 형태의 문제라고 할 수 있다. 국내외 관련 규정들을 보면, 이들 개념에서 공통 요소가 존재한다는 것을 쉽게 알 수 있다.

차별

합리적인 이유 없이 성별, 종교, 장애, 나이, 사회적 신분, 출신 지역, 출신 국가, 출신 민족, 용모 등 신체 조건, 기혼·미혼·별거·이혼·사별·재혼·사실혼 등 혼인 여부, 임신 또는 출산, 가족 형태 또는 가족 상황, 인종, 피부색, 사상 또는 정치적 의견, 형의 효력이 실효된 전과, 성적 지향, 학력, 병력病歷 등을 이유로 한 다음 각 목의 어느 하나에 해당하는 행위. (한국 '국가인권위원회법' 제2조의 3)

혐오 범죄

"인종, 종교, 성적 지향, 민족 등에 대한 편견의 증거를 선언하는 범죄로서 살인, 강간, 폭행, 위협, 방화, 손괴 등을 포함한다." (미국 '1990 혐오범죄통계법')

집단 살해

"국민적·인종적·민족적 또는 종교적 집단 자체를 전부 또는 일부 파괴할 목적으로 그 집단의 구성원을 살해"하는 행위.
(한국 '국제형사재판소 관할 범죄의 처벌 등에 관한 법률' 제8조)

차별, 혐오 범죄, 집단 살해의 개념 규정을 살펴보면, 앞서 혐오 표현에서 언급한 차별 금지 사유를 공유하고 있다는 것을 알 수 있다. 즉 혐오 표현, 차별, 혐오 범죄, 집단 살해는 정체성 요소를 이유로 하여 발생하는 사회 문제라고 할 수 있다. 인종이 다르다는 이유로, 성별이 다르다는 이유로, 종교가 다르다는 이유로, 성적 지향이 다르다는 이유로 갖게 된 편견은 모욕적인 말(혐오 표현)로 나타나기도 하고, 불이익을 주는 행위(차별)로 이어지기도 하고, 폭력(혐오 범죄)이나 극단적 살해(집단 살해)로 귀결되기도 한다는 것이다.

혐오·차별을 말하는 이유

그렇다면 지금까지 말한 모든 문제의 배경과 원인은 사실상 동일하다고 할 수 있다. 혐오 표현, 차별, 혐오 범죄, 집단 살해 등을 같은 맥락에서 이해하고 대응하려는 시도는 이미 국제 사회나 여러 국가에서 있었다. 하지만 한국에서는 언제부턴가 이를 '혐오·차별'의 문제라고 표제화하여 이슈화하기 시작했다. 이것이 의미가 있는 것은 배경과 원인이 동일한 문제에 대해서는 그 대응도 같은 차원에서 이루어져야 하기 때문이다. 예를 들어, 이주자에 대한 혐오 표현이 자주 보고된다면 당연히 이주자에 대한 차별과 혐오 범죄도 만연해 있을 가능성이 높다. 혐오 표현은 인터넷상에서 쉽게 찾을 수 있지만, 차별과 혐오 범죄는 피해자가 신고하고 정부나 사법부가 확인하지 않으면 건수가 잡히지 않는다. 취약한 소수자 집단일수록 신고조차 꺼리는 경우가 많다. 심지어 한국에서 혐오 범죄는 법으로 규정된 바가 없어서 별도의 범죄 유형으로 분류조차 되지 않는다. 그렇다고 수수방관할 것이 아니라, 이주자에 대한 혐오 표현이 만연해 있으니, 차별과 혐오 범죄도 심각할 것이라고 가정하고 대응해야 한다. 이렇게 혐오와 차별의 여러 문제를 하나의 맥락에서 이해하고 대응해 나가는 것은 문제를 근본적으로 해결하는 데 큰 도움이 된다. 예컨대, 의식 제고를 위한 교육이나 홍보 활동에서도 혐오 표현 따로, 차별 따로 주제를 잡기보다는 사회적 편견이 혐오 표현, 차별, 혐오 범죄로 이어질 수 있음을 경고하고 경각심을 고취시키는 것이 훨씬 효율적이다.

왜 혐오·차별은 확산되는가

혐오·차별의 이유나 원인으로 어떤 집단에 대한 사회적 편견이 지적되곤 한다(최인철 외, 2021). 사회적 편견이 형성되는 요인은 복합적이다. 편견은 어떤 집단을 비정상이다, 혐오스럽다, 무능하다, 미개하다 등의 이미지로 상징화하고, 우리와 구분되어야 하는 '열등한' 존재로 간주하는 것이다. 이런 편견은 정치, 역사, 사회, 문화적 요인의 산물이며, 사회적으로 학습되는 것이기 때문에 세대를 넘어 전승되는 경우도 많다. 이러한 편견은 집단에 대한 것이고 집단이 가지고 있는 것이기 때문에 특정 개인을 향한 개인적 감정과는 구분되어야 한다.

사회적 편견이 항상 사회 문제로 대두되는 것은 아니다. 편견이 각자의 마음속에 자리 잡고 있을 뿐 그것이 표출되지 않을 수도 있기 때문이다. 여러 연구에 따르면, 편견이 존재하는 사회지만, 편견이 차별이나 범죄로 이어지는 것을 법으로 철저하게 막고 있거나, 그 구성원들이 편견이 사회에서 작동하지 않도록 합심하여 노력하고 있다면 별문제가 아닐 수도 있다.

하지만 편견이 표면 위로 드러나 작동하게 되는 경우는 흔하다. 그 계기는, 한마디로 표현하면 '사회경제적 위기'라고 할 수 있다. 미국의 정치철학자 마사 누스바움을 이를 '두려움fear'을 통해 설명한다(누스바움, 2021). 사람들은 경제 위기, 재난, 전쟁, 자연재해, 전염병 확산 등의 사회적 위기로 인한 두려움이 들면 나의 안전과 이익을 지켜야 한다고 생각하게 된다. 이때 나의 이익을 타인의 이익과 배타적인 관계로 설정하고 타인을 배제하거나 제거해야 나의 이익을 지킬 수 있다고 생각하게 된다고 누스바움은 말한다. 여기서 타인으로 '선정'되는 이들은 이미 사회적 편견의 대상이었던 소수자들인 경우가 많다는 것이다. 소수자들은 기존의 편견에 더해 더 심각한 사회적 낙인이 덧씌워진다. 서양에서는 오랫동안 유대인, 여성, 동성애자, 불가촉천민, 하층 계급 사람들이 바로 '오물로 더럽혀진 존재'로 간주되어 혐오의 대상이 되곤 했다. 두려움은 여러 메커니즘을 통해 확산된다. '아프리카계 미국인은 위험한 사람들이다,' '무슬림은 테러리스트다,' '난민은 폭동을 일으킬 수 있다,' '아시아인들이 전염병을 퍼뜨린다'는 식으로 '위험한 존재'로 낙인을 찍는다. 또 '유대인의 교활함을 조심해야 한다,' '이주 노동자들이 일자리를 빼앗아 간다'는 식으로 '시기의 대상'으로 만들어 버린다. 이렇게 어떤 집단이 나의 이익과 충돌하는 경쟁 상대로 간주되면서, 내가 살기 위해서는 저들을 제거해야 한다는 생각이 자리 잡게 된다. 이러한 혐오에 편승하여 정치적 지지를 확대하려는 의도를 가진 포퓰리즘 정치인이 가세하게 되면 혐오 확산은 더욱 가속화된다.

하지만 이것은 심리적으로 두려움을 해소하는 방법일

뿐, 애초에 자신의 이익을 위협했던 문제를 해결하는 것이 아니다. 예를 들어, 코로나19로 인한 아시아인에 대한 혐오가 확산되었다. 하지만 아시아인은 코로나19를 확산시키는 원인이 아니다. 중국에서 최초로 발발했다고 알려졌으나, 이는 원래부터 미국과 유럽에서 살고 있던 아시아인들과 무관하다. 그런데 코로나19 이후 아시아인에 대한 혐오는 미국과 유럽에 함께 살고 있던 이웃 아시아인들에게 향했다. 애초에 목표 대상을 잘못 잡았으니 문제가 해결될 리 없고, 아무런 잘못이 없는 아시아인 피해자만 늘어난다.

다른 혐오 사례도 마찬가지다. 중세에는 수많은 마녀가 학살되었지만, 중세의 위기를 마녀가 만들었을 리 없다. 홀로코스트로 수백만의 유대인, 장애인, 소수 민족, 소수 종교 신도, 동성애자들이 학살되었지만, 독일의 위기가 이들의 책임이었을 리 없다. 오늘날 한국에서 혐오를 조장하는 게시물들을 보면, 마치 한국의 사회적 불안이나 사회경제적 위기가 이주자 때문에, 난민 때문에, 동성애자 때문에 발생한 것 같아 보인다. 하지만 이는 사실과 전혀 다르다. 내국인의 범죄율은 외국인에 비해 2배 정도 된다. 이주민 범죄가 과장되어 보도되고 크게 화제가 될 뿐이지, 이주자나 난민이 사회 불안을 일으키는 것이 아니다. 정말 더 안전한 사회를 원한다면 이주자나 난민을 공격할 것이 아니라 안전한 사회를 만들기 위한 다른 방법을 찾아야 한다. 동성애자들이 에이즈(HIV/AIDS, 후천성면역결핍증) 감염을 확산시켜 국민 건강을 위협하고 의료 보험 재정을 악화시킨다는 얘기도 쉽게 찾아볼 수 있다. 하지만 보건 당국의 공식적 견해와 보건 전문가들의 일치된 의견은 동성애가 에이즈의 원인이 아니라는 것이다. 오히려 동성애에 대한 편견이 방역 대책을 무력화하고 감염병을 확산시킨다고 경고하고 있다. 문제의 원인을 엉뚱하게 파악하여 희생양을 만들면 그 피해는 혐오를 당하는 사람들뿐만 아니라 사회 전체에 미친다. 혐오와 차별은 문제의 근본적인 원인을 외면하게 함으로써 사회를 더 불안하게 만들고 위기를 더 가중시킬 뿐이다.

2. 문화다양성과 문화다양성 정책

1945년 2차 세계 대전 이후, 세계 평화와 인류 발전을 위한 국제 협력을 촉진하기 위해 탄생한 유네스코는 교육, 과학, 문화, 정보 커뮤니케이션 분야에서 다양한 사업을 벌여 왔다. 세계 평화와 인류 발전이라는 의제 자체가 매우 포괄적이기 때문에 여기에 포함될 수 있는 사업은 매우 다양하다. 그중에서 문화다양성이라는 의제는 유네스코의 핵심 목표

중 하나였다. 유네스코 선언에 명시된, '평화와 안전'이라는 이념적 지향은 문화다양성의 보장 없이는 실현될 수 없는 것이기 때문이다.

문화다양성은 좁은 의미로 보면 문화재나 자연 유산과 같은 세계문화유산World Cultural Heritage을 보호하는 것이 있다. 1972년 "세계 문화 및 자연 유산 보호 협약"과 2003년 "무형 문화유산 보호 협약" 등은 실제로 이런 세계 문화유산을 보호하는 데 특화되어 있기도 하다. 하지만, 2005년 채택된 "문화적 표현의 다양성 보호 및 증진 협약Convention on the Protection and Promotion of the Diversity of Cultural Expression"(이하 "문화다양성 협약")에서는 문화다양성의 의미가 다음과 같이 포괄적으로 정의되어 있다.

"문화적 표현"이란 개인, 집단, 사회의 창의성에서 귀결되는 표현으로서 문화 콘텐츠를 가지는 것을 말한다.

'문화다양성'이란 집단과 사회의 문화가 표현되는 다양한 방식을 말한다. 이러한 표현은 집단과 사회의 내부에서 그리고 집단과 사회 사이에서 전승된다. 문화다양성은 인류의 문화유산이 다양한 문화적 표현을 통해 표현되고, 증대되며, 전승되는 다양한 방식을 통해서뿐만 아니라, 사용된 방법과 기술에 관계없이 다양한 양식의 예술적 창작, 생산, 보급, 배포 및 향유를 통해서도 명확하게 나타난다.

따라서 문화다양성을 추구한다는 것은 집단과 사회의 문화가 표현되는 다양한 방식을 보호하고 증진하는 것을 통칭한다. 그리고 문화다양성 협약은 이를 위해 '문화적 표현의 다양성 보호와 증진'을 위한 여건을 마련하고 이를 위한 국제 협력과 연대를 강화하는 것을 목적으로 규정하고, 1) 인권 및 기본적 자유에 대한 존중 원칙, 2) 주권 원칙, 3) 모든 문화에 대한 동등한 존엄성 인정과 존중 원칙, 4) 국제적 연대와 협력 원칙, 5) 개발의 경제적, 문화적 측면의 상호 보완성 원칙, 6) 지속 가능한 개발 원칙, 7) 공평한 접근 원칙 등을 지침으로 제시하고 있다.

이렇게 문화다양성 개념이 확장되어 온 것은 곧 '문화' 개념의 확장과 직접 연결되어 있다(한건수, 2015; 장의선, 2016). 2001년에 채택된 "유네스코 문화다양성 선언Universal Declaration on Cultural Diversity"에서는 문화를 "사회와 사회 구성원의 특유한 정신적·물질적·지적·감성적 특성의 총체"로 간주하면서, "예술 및 문학 형식뿐 아니라 생활 양식, 함께 사는 방식, 가치 체계, 전통과 신념"을 포함하는 개념으로 확대한다. 아울러 국제 평화와 안전의 보장을 위해 "서로 믿고 이해하며 문화다양성, 관용, 대화 및 협력을 존중"할 것을 주창한다. 이것은 문화의 개념을 크게 확장하면서, 다양한 문화가 공존하는 것 자체가 곧 평화와 안전과 직결된다는 점을 강조하고 있는 것이다. 이 선언에서는 문화다양성을 '문화 다원주의'로 확장하면서, "다원적이고 다양하며, 역동적인 문화 정체성을 지닌 사람들과 집단의 조화로운 상호 작용"을 보장해야 한다고 지적하고, 이를 인권과 문화권의 문제와도 연결시키고 있다. 더 나아가, 유네스코의 활동은 물, 생물 다양성, 해양, 지질 등 과학 분야, 윤리 사회 변동, 스포츠 등 인문사회과학 분야로 확대되어 있으며, 문화유산 보호 활동, 미디어/정보 리터러시, 공개 교육 자원 활동, 언어 다양성 증진 등 정보 커뮤니케이션 활동 등의 의제로도 연결되어 있다. 오늘날 문화와 문화다양성의 이념이 얼마나 다양한 영역으로 확장되어 있는지 잘 보여 준다.

한국의 경우 유네스코 한국위원회 등을 통해 유네스코와 지속적으로 협력 관계를 구축해 왔으며, 2010년에는 문화다양성 협약을 비준하고, 2014년 "문화다양성의 보호와 증진에 관한 법률"을 제정했다. 이 법에서는 문화다양성과 문화적 표현의 개념을 문화다양성 협약의 취지에 따라 정의하고, 사회 모든 구성원과 국가 및 지자체가 문화다양성을 보호하고 증진해야 한다는 점을 명확히 했다. 그리고 문화다양성 보호 및 증진 기본 계획 수립과 문화다양성위원회 설치 등을 규정함으로써 문화다양성 정책을 위한 기본적인 법률적 근거를 마련했다.

3. 혐오·차별과 문화다양성

앞서 살펴본 혐오·차별의 문제는 어떻게 문화다양성이라는 문제와 맞닿는지 살펴보자.

첫 번째, 혐오·차별은 곧 문화다양성을 파괴하는 행위라는 것이다. 즉 혐오 표현과 혐오 범죄, 집단 학살 등은 바로 문화다양성을 파괴한다. 앞서 살펴봤듯이 혐오 표현, 혐오 범죄, 집단 학살은 성별, 인종, 성적 지향, 장애, 연령 등을 이유로 한 혐오와 차별을 조장하는 행위를 말한다. 이것은 성별, 인종, 성적 지향, 장애, 연령 등에 따라 구분되고 스스로의 정체성을 구축하고 있는 다양한 소수자 집단의 문화적 정체성을 파괴하거나(혐오 표현), 그 집단 자체를 물리적으로 공격하는 행위(혐오 범죄, 집단 학살)라고 할 수 있다. 문화다양성을 보호하고 증진하기 위해서는 혐오 차별에 단호히 맞서야 한다.

두 번째, 문화다양성의 보호·증진 자체가 혐오·차별의 문제를 해결하는 방법의 하나라고 할 수 있다. 혐오·차별에 대한 대책과 관련하여 우선적으로 언급되는 것은 직접적인 법 규제다. 즉 혐오 표현, 차별 행위, 혐오 범죄, 집단 학살 등을 형사 범죄화하고 그 행위를 형사 처벌하는 것이다. 형사 처벌 이외에도 행정적 조치나 민사 배상 등의 다른 법적 규제 수단이 동원되기도 한다. 그런데 법 규제의 필요성을 적극 옹호하는 이들조차도 법적 규제의 한계를 지적하면서 교육이나 예방 등 혐오에 대응하는 여건을 마련하는 것이 무엇보다 중요하다는 점을 강조하고 있다. 그동안 제안된 문화다양성 증진 정책과 혐오 표현 금지 정책을 한번 비교해 보자.

　표 1은 2021년 5월 한국 정부가 발표한 '제1차 문화 다양성 보호 및 증진 기본 계획 2021~2024'에서 제시된 전략과 추진 과제이고, 표 2는 국가인권위원회에서 발간한 〈혐오 표현 리포트〉(2019)에서 제안된 혐오 표현 대응 방법이다. 혐오 표현 대응 방법 중 '행위 규제'는 금지와 처벌이라는 전통적인 규제 방법이지만, '환경 조성'은 혐오와 차별이 발생하는 요인 자체를 없애는 조치라고 할 수 있다. 이를 위해서는 교육, 홍보, 정책 등 사전적, 예방적 조치와 함께, 국가와 지방 자치 단체의 역할을 비롯해, 다양한 영역에서의 반차별 활동 등이 중요하다. 이러한 활동은 '문화다양성 정

표 1 문화다양성 보호 및 증진 기본 계획의 전략과 과제

전략	추진 과제
전략 1 문화의 다양성 보호 및 확대	1-1. 문화적 표현의 다양성 보호와 증진 ① 언어적 표현의 다양성 실현 ② 문화 콘텐츠의 다양성 확대 지원 ③ 전통 문화 산업 육성 등 전통 문화 보호·증진 ④ 문화 영향 평가 확대 등 문화적 도시 재생 확산 1-2. 국제 기구 및 국가 간 문화 정체성 보호를 위한 협력 활성화 ① 국제 사회의 선도적 역할 ② 국가 간 협력 활성화
전략 2 소수자의 문화 참여 및 접근성 보장	2-1. 다양한 문화 주체의 참여 및 문화권 보장 ① 문화 서비스 제공 기관의 조직 내 다양성 확대 ② 취약 계층의 문화권 보장 2-2. 문화 시설과 미디어 접근성 지원 ① 문화 시설 접근성 보장 ② 미디어 이용 역량 강화 및 접근성 보장
전략 3 문화다양성 가치 확산과 공존 기반 형성	3-1. 문화다양성 가치 반영 교육 활성화 ① 생애 주기 문화다양성 교육 지원 문화다양성 교육 의무 대상자 확인 ② 다문화 교육과의 연계 강화 3-2. 문화다양성 인식 제고 ① 문화다양성 가치 확산 및 홍보 ② 지역 기반 문화다양성 실천 확산 ③ 기관 운영의 문화다양성 반영 3-3. 차별 표현 시정을 통한 문화다양성 가치 확산 ① 차별 표현 시정 및 인식 개선 ② 문화다양성 감수 및 평가·인증제 마련

표 2 혐오 표현 대응 방법

조치	대응 주체	방법	규제 방법 예시
행위 규제	국가·지자체	형사 규제	형사 처벌
		민사 규제	손해 배상, 가처분
		행정 규제	차별 구제, 방송 심의, 통신 심의
	기업, 시민 사회	자율 규제	기업·대학·단체·인터넷 사업자의 혐오 표현 금지 정책
환경 조성	국가·지자체	교육	초중고·대학 인권교육, 공무원 인권 교육, 시민 인권 교육
		홍보	대국민 홍보·캠페인을 통한 인식 제고
		정책	국가·지자체의 혐오·차별 대응 정책
		지원	소수자(집단)에 대한 보호·지원
		연구	혐오·차별 문제에 대한 조사·연구
	기업, 시민 사회	정책 등	기업·대학·단체·인터넷 사업자의 혐오·차별 대응 정책, 인권·시민 단체의 반차별 운동

책'이라는 이름으로 진행되는 여러 가지 사업들과 상당 부분 겹친다. 혐오 표현 근절을 위한 환경 조성 조치로 제안된, 교육, 홍보, 정책, 지원, 연구 등은 '문화다양성 보호 및 증진 기본 계획'의 '문화의 다양성 보호 및 확대' 정책, 소수자의 문화 참여 및 접근성 보장과 거의 동일하다. 또한 '문화다양

성 보호 및 증진 기본 계획'의 '차별 표현 시정을 통한 문화 다양성 가치 확산'의 과제에는 차별 표현 사례 조사 및 대안 표현 홍보 및 국민 인식 개선, 차별과 편견 조장을 금지하는 법적 근거 마련 등의 내용이 포함되어 있다. 사실상 혐오 표현 금지 정책과 동일한 내용인 것이다. 차이가 있다면, 혐오 표현 대응에서는 직접적 규제(금지와 처벌)에, 문화다양성 정책에서는 여건을 조성하는 데 좀 더 비중을 두고 있다는 정도뿐이다.

앞서 언급했듯이 혐오·차별에 관한 논의가 발전해 온 경로와 문화다양성에 관한 논의가 발전해 온 경로는 상이하다. 두 논의는 모두 2차 세계 대전 이후 유엔을 중심으로 세계 평화와 안전을 도모하기 위하여 처음 시작되었다. 하지만 그 이후 혐오와 차별의 문제는 자유권 규약, 인종 차별 철폐 협약, 여성 차별 철폐 협약 등의 국제 인권 협약의 제정과 각 국가별로 제정된 혐오표현금지법, 차별금지법, 혐오범죄가중처벌법 등의 형태로 발전해 온 반면, 문화다양성에 관한 논의는 문화다양성 보호·증진을 위한 각종 국제 협약과 유네스코가 교육, 과학 등의 영역에서 주도한 문화다양성 정책과 국제 협력의 과정에서 발전해 나갔다.

그러나 문화와 문화다양성의 개념이 확장되면서 인권, 소수자 집단의 보호, 다양한 정체성의 이들과 공존, 다원주의 같은 개념과 결합되었다. 그리고 문화다양성을 파괴하는 것이 곧 혐오와 차별이라는 인식으로 이어졌다. 한국의 '문화다양성의 보호와 증진에 관한 법률'은 국가와 지방 자치 단체의 책무를 규정하면서, 문화다양성의 보호·증진을 위한 정책(제3조 제1항, 제2항)과 더불어, "국적·민족·인종·종교·언어·지역·성별·세대 등에 따른 문화적 차이를 이유로 문화적 표현과 문화예술 활동의 지원이나 참여에 대한 차별을 하여서는 아니 된다"(제3조 제3항)라는 점을 명시하고 있다. 문화다양성의 증진과 혐오·차별의 금지가 자연스럽게 연결될 수 있음을 엿볼 수 있다.

혐오·차별과 문화다양성은 전혀 다른 두 개념이 우연히 만난 것이 아니다. 애초에 2차 세계 대전 이후 세계 평화와 안전이라는 인류의 염원을 실현하기 위한 공통의 목적을 공유하고 있었기에 두 흐름의 만남은 전혀 어색한 것이 아니다. 혐오 대응은 주로 특정 행위를 금지하는 법 정책을 위주로 발전해 왔고, 문화다양성은 주로 교육, 홍보, 인식 개선 등 여건을 조성하는 쪽으로 발전해 왔다. 흥미로운 것은 혐오 차별에 대한 대응을 논의할 때는 금지와 처벌 위주의 대응책만 논의되어서는 안 된다는 점이 늘 지적되어 왔고, 거꾸로 문화다양성 논의에서는 좀 더 적극적으로 혐오와 차별을 금지하는 것도 필요하다는 의견이 제시되어 왔다는 것이다. 혐오·차별과 문화다양성에 관한 논의는 서로 다른 역사와 발전의 경로를 밟아 왔지만, 동일한 이념적 목표를 추구해 왔으며, 이미 구체적인 정책과 과제를 공유하고 있다. 이 둘의 결합이 혐오와 차별을 근절하고 문화다양성을 증진한다는 인류의 목표를 향해 한 걸음 더 내딛는 계기가 되길 기대해 본다.

서론

국가인권위원회 (2019). 〈혐오 표현 리포트〉.

홍성수 (2022). "혐오에 대한 법적 대응,"《혐오이론 I: 학제적 접근》. 한울아카데미.

홍성수 (2021a). "차별이란 무엇인가: 차별금지법상 차별 금지 사유의 의의,"〈법과사회〉
66호, pp.25~70.

홍성수 (2021b), "혐오 현상의 이해와 과제,"《헤이트, 왜 혐오의 역사는 반복될까》. 마로
니에북스.

홍성수 (2019). "혐오에 어떻게 대응할 것인가?: 혐오에 관한 법과 정책,"〈법학연구〉,
30권 2호, 충남대학교 법학연구소, pp.191~228.

홍성수 (2018).《말이 칼이 될 때: 혐오 표현은 무엇이고 왜 문제인가》. 어크로스.

UN (2019). United Nations Strategy and Plan of Action on Hate Speech.

1장

공현 (2018). "탈능력주의 교육을 꿈꾸며: 능력주의적 과정으로서의 교육과 입시라는 문
제,"〈오늘의 교육〉, 47권, pp.12~26.

김경희 (2021).《꿈꾸는 유령 ― 방과후강사 이야기》. 호밀밭.

김민 (2022. 7. 7). "허준이 교수 '하루 4시간 집중 연구, 나머지는 가족과,'" JTBC. https://news.jtbc.co.kr/article/article.aspx?news_id=NB12065268

김은지 (2021. 6. 28). "학교 폭력, 더 치밀해지고 더 복잡해진다," 〈시사인〉. https://www.sisain.co.kr/news/articleView.html?idxno=44933

김효진 (2021). "1984년의 봉인된 기억," 《여섯 개의 폭력》. 글항아리.

남궁민 (2021. 7. 14). "차별금지법서 '학력' 빼자던 교육부, 의견 철회… 차별 맞다," 〈중앙일보〉. https://www.joongang.co.kr/article/24105507

박권일 (2021). 《한국의 능력주의》. 이데아.

박권일 (2022. 5. 19). "차별금지법, 가장 탁월한 시민교육," 〈한겨레〉. https://www.hani.co.kr/arti/opinion/column/1043561.html

박혜성 (2019). 《우리도 교사입니다》. 이데아.

변예지 (2019). "학교 내 혐오 표현, 지극히 개인적이면서도 정치적인 일," 〈혐오 표현 진단과 대안마련 토론회〉, 국가인권위원회.

심선화 (2018). "폭력과 싸우기," 《나는 오늘도 교사이고 싶다》. 푸른숲.

안희경 (2014. 1. 27). "한국, 경제적으로 성공했는데… '전쟁터 사회' 벗어날 때도 돼, 바른 사람·바른 노동자·바른 시민이 되도록 아이들 가르쳐야," 〈경향신문〉. https://www.khan.co.kr/feature_story/article/201401272126165

이은진 (2019). "혐오 표현 대응을 위한 교육공동체의 역할," 〈혐오 표현 진단과 대안 마련 토론회〉, 국가인권위원회.

이혜정·민윤·박진아·이신애·김아미·남미자·이정연 (2020). 《혐오, 교실에 들어오다》. 살림터.

하수영 (2021. 9. 22). "'강제 출국 없다'는데… 불법 체류 외국인 42% 백신 안 맞는 이유," 〈중앙일보〉. https://www.joongang.co.kr/article/25008803

한희정 (2015). 《사이버불링》. 커뮤니케이션북스.

행정안전부 (2019. 11. 1). 2019년 지방자치단체 외국인 주민 현황 설명 자료. http://www.rainbowyouth.or.kr/bbs/board11

홍성수 (2019). "혐오(hate)에 어떻게 대응할 것인가? — 혐오에 관한 법과 정책," 〈법학연구〉, 30권 2호, pp.191~228.

홍성수·강민형·김승섭·박한희·이승현·이혜민·이호림·전수윤 (2020). 〈트랜스젠더 혐오차별 실태 조사〉, 국가인권위원회.

Ahmed, S. (2010). *Promise of Happiness*. [성정혜 · 이경란 옮김. 《행복의 약속》. 후마니타스. 2021].

Althusser, L. (1995). *Sur la reproduction*. [김웅권 옮김. 《재생산에 대하여》. 동문선. 2007].

Elberhardt, J. I. (2020). *Biased: Uncovering the Hidden Prejudice That Shapes What We See, Think, and Do*. [공민희 옮김. 《편견》. 스노우폭스북스. 2021].

Inglehart, R, & Welzel, C. (2005). *Modernization, Cultural Change, and Democracy: The Human Development Sequence*. [지은주 옮김. 《민주주의는 어떻게 오는가》. 김영사. 2011].

McNamee, J. S. & Miller Jr., R. K. (2009). *The Meritocracy Myth*. [김현정 옮김. 《능력주의는 허구다》. 사이. 2021].

Noddings, N. (2003). *Happiness and Education*. Cambridge: Cambridge University Press.

Nusbaum, M. C. (2018). *The Monarchy of Fear: A Philosopher Looks at Our Political Crisis*. [임현경 옮김. 《타인에 대한 연민》. 알에이치케이코리아. 2020].

Trent, B. (2016). *Bullying and Violence in South Korea: From Home to School and Beyond*. [이은구 · 심은지 · 양성은 옮김. 《K폭력》. 한울아카데미. 2021].

Wiesböck, L. (2018). *In besserer Gesellschaft: Der selbstgerechte Blick auf die Anderen*. [장혜경 옮김. 《내 안의 차별주의자》. 심플라이프. 2020].

Young, M. (1994). *The Rise of Meritocrcy. Taylor & Francis*. [유강은 옮김. 《능력주의》. 이매진. 2020].

2장

강준만 (2019). 《바벨탑 공화국: 우리는 왜 비싼 집에 사는 가난한 사람이 되었는가?》. 인물과사상사.

구로구의회 운영위원회 (2013. 12. 12). 오류동 행복주택 지구 지정 반대 결의안.

국민권익위원회 (2019). 〈공공 임대 주택 관련 민원 분석〉.

〈국민일보〉 (2018. 4. 23). "청년정당 철야텐트 시위 벌인 까닭은." http://news.kmib.co.kr/

article/view.asp?arcid=0012301378

〈내일신문〉 (2004. 6. 28). "서수원 임대단지, 동수원처럼 임대주택 적게 해달라."

〈매일경제〉 (2011. 8. 24). "전세난에도 임대주택 '님비' 여전."

〈매일경제〉 (2015. 2. 4). "[톡톡! 부동산] '주홍글씨' 못 뗀 임대아파트."

〈매일경제〉 (2018. 5. 12). "청년 임대아파트 건립 반대 '휴거' 신드롬 빼박았다." https://
    www.mk.co.kr/news/realestate/view/2018/05/302282/

〈매일신문〉 (2006. 7. 26). "임대주택사업, 주민·지자체 반대로 차질 '악순환'."

〈머니투데이〉 (2015. 10. 16). "'분양 vs 임대' 주민갈등… 가시철망 치고 '넘어 오지마!'"

박미선 (2020). "포용주택 공급을 통한 사회적 혼합 가능성 탐색: 미국의 포용주택 제도
    를 중심으로," 〈지역연구〉, 36권, 4호, pp.43〜56.

〈서울신문〉 (2018. 11. 25). "임대주택 사는 개, '캐슬' 사는 우리 애랑 같은 길로 못 다녀."

〈세계일보〉 (2013. 5. 29). "행복주택, 첫 삽 뜨기도 전에 '삐거덕'."

손낙구 (2009). 《부동산 계급사회》. 후마니타스.

〈아시아경제〉 (2019. 11. 11). "월거지·엘거·빌거… 또 다른 '계급'에 우는 아이들."

안상철 (2017). 〈청년주택의 보급에 따른 주민인식에 관한 연구: 마포구 서교동 사례를
    중심으로〉. 서울과학기술대학교 석사 학위 논문.

〈연합뉴스〉 (2004. 12. 21). "부천시·주민, 임대주택단지 조성에 반대."

〈연합뉴스〉 (2005. 11. 24). "임대주택건설 추진에 주민들 반발."

〈연합뉴스〉 (2008. 9. 4). "서울 강남구 "수서2지구 임대주택 건설 반대"(종합)."

〈오마이뉴스〉 (2007. 1. 19). "'임대' 산다는 이유로 아이들이 차별받아야 하나요."

이슬 외 (2016). "사회적 혼합 주택단지의 공간적 차별에 대한 연구," 〈응용지리〉, 33권,
    pp.127〜148.

이주현 (2012). "분양·임대 아파트 혼합주거단지의 공간구성과 사회적 혼합 ─ 하남 풍
    산지구와 시흥 능곡지구 비교 연구," 〈지리학논총〉, 58권, pp.77〜95.

〈한겨레〉 (2018. 4. 12). "청년임대주택 '님비' 갈등, 어떻게 풀어야 하나."

〈한겨레〉 (2019. 12. 23). "연희동 청년주택도 주민 반발로 난항… '집값 때문에 청년 차별.'"

〈한겨레〉 (2020. 11. 30). ""'호텔 거지' 양산"… 차별 재생산하는 국회의원들, 이래도 되
    나요."

〈한국경제〉 (2021. 8. 4). ""닭장 임대 짓는다니"… 역세권 청년주택 곳곳서 갈등."

〈한국일보〉 (2019. 5. 23). "반대 의사 표시라지만… '임대주택 = 난민촌' 비하 논란."

Calavita, N. & Mallach, A. (2010) *Inclusionary Housing, Incentives, and Land Value Recapture*. Lincoln Institute of Land Policy. Washington D.C.

The Guadian (2019. 7. 19). "London officials ban segregated play areas in future housing developments." https://www.theguardian.com/cities/2019/jul/19/london-officials-ban-segregated-play-areas-in-future-housing-developments

The Guadian (2019. 3. 25). "Too poor to play: children in social housing blocked from communal playground." https://www.theguardian.com/cities/2019/mar/25/too-poor-to-play-children-in-social-housing-blocked-from-communal-playground

Jacobus, R. (2015). *Inclusionary Housing: Creating and Maintaining Equitable Communities*. Lincoln Institute of Land Policy. Washington D.C.

New York Times (2014. 8. 27). "'Poor Door' in a New York Tower Opens a Fight Over Affordable Housing." https://www.nytimes.com/2014/08/27/nyregion/separate-entryways-for-new-york-condo-buyers-and-renters-create-an-affordable-housing-dilemma.html

Sarkissian, W. (1976). "The idea of social mix in town planning: An historical review," *Urban Studies*, 13(3), pp.231~246.

Scanlan, S. (2009). "Zygmunt Bauman, Liquid Times: Living in an age of uncertainty. Book Review," *Journal of American Studies*, 43(01), E19.

Thaden, E. & Wang, R. (2017). *Inclusionary Housing in the United States: Prevalence, Impact, and Practices*. Lincoln Institute of Land Policy. Washington D.C.

Wang, R. & Balachandran, S. (2021). *Inclusionary Housing in the United States: Prevalence, Practices, and Production in Local Jurisdictions as of 2019*. Grounded Solutions Network.

Wilson, W. (1987). *The Truly Disadvantaged: The Inner City, the Underclass, and Public Policy*. Chicago: The University of Chicago Press.

3장

강위원 (2002). 《조선족의 오늘》. 산하.

국사편찬위원회 (2011). 《중국 한인의 역사(상)》. 국사편찬위원회.

국사편찬위원회 (2013). 《중국 한인의 역사: 자료집》. 국사편찬위원회.

권향숙 (2015). 《이동하는 조선족: 소수 민족의 자기통치》. 신종원 옮김. 한국학중앙연구
　　　원출판부.

김남석 (2014). "〈황해〉에 반영된 연변 조선족의 이미지 왜곡 현상과 사회상," 〈다문화사
　　　회연구〉, 7(2), pp.107~136.

김희교 (2022). 《짱깨주의의 탄생》. 보리.

더글라스, 메리 (1997). 《순수와 위험》. 현대미학사.

박광성 (2008). 《세계화 시대 중국 조선족의 초국적 이동과 사회변화》. 한국학술정보.

박우·김용선 외 (2012). 《우리가 만난 한국: 재한 조선족의 구술생애사》. 북코리아.

법무부 출입국외국인정책본부 (2021. 7). 〈출입국외국인 정책 통계월보〉. 법무부.

설동훈 (2013). "중소기업 관리자의 외국인에 대한 사회적 거리 분석," 〈지역사회학〉,
　　　14(2), pp.203~229.

설동훈·문영진 (2020). 《재한 조선족, 1987~2020년》. 한국학술정보.

신현준 외 (2013). 《귀환 혹은 순환: 아주 특별하고 불평등한 동포들》. 그린비.

유명기 (2002). "민족과 국민 사이에서: 한국 체류 조선족들의 정체성 인식에 관하여,"
　　　〈한국문화인류학〉, 35(1). pp.73~100.

윤인진 (2004). 《코리안 디아스포라》. 고려대학교 출판부.

이장섭 (2017). 《중국조선족 기업의 기업가정신과 글로벌네트워크》. 한국문화사.

이현정 (2001). "조선족의 종족 정체성 형성 과정에 관한 연구," 〈비교문화연구〉, 7(2),
　　　pp.63~105.

장서현 (2021. 10. 22). "문화다양성과 지속가능한 발전에 대한 이주민의 기여에 대한 인
　　　식 사이의 관계," 〈문화다양성 존중 도시의 현황과 과제〉. 창원대학교·한국이
　　　민학회.

최인규·전범수 (2019). "영화 〈청년경찰〉, 〈범죄도시〉에 나타난 범죄장소로서의 다문화
　　　공간 비교," 경성대학교 사회과학연구소 〈사회과학연구〉, 35(4), pp.107~125.

한건수 (2004). "타자 만들기: 한국 사회와 이주 노동자의 재현," 《한국의 소수자, 실태와

전망》. 한울.

Kwon, Tae Han (2001). "The Uncertain Future of the Korean Chinese, Korean Diaspora in China: Ethnicity, Identity, and Change," *Korean and Korean American Studies Bulletin,* 12(1), pp.20～41.

4장

강신재·이윤석·조화순 (2019). "한국 사회의 매체 정파성과 성소수자 담론 텍스트 분석," 〈정보사회와 미디어〉, 20권, 2호, pp.145～174.

〈경향신문〉 (2018. 3. 17). "한국 정부, 사형제 폐지·낙태죄 폐지·성소수자 인권 관련 유엔 권고 '불수용'." https://www.khan.co.kr/national/national-general/article/201803170033001#csidx7a41caa31cdf99f8f75e208ea5da7e2

〈경향신문〉 (2022. 7. 16). ""살자, 나아가자, 함께하자"… 3년 만에 무지갯빛 물든 광장." https://m.khan.co.kr/national/national-general/article/202207161718001#c2b

김승섭·박주영·이혜민·이호림·최보경 (2018). 《오롯한 당신 — 트랜스젠더, 차별과 건강》. 숨쉬는책공장.

나영정·김지혜·류민희·이승현·장서연·정현희·조혜인·한가람 (2014). 〈한국 LGBTI 커뮤니티 사회적 욕구조사 최종보고서〉. 한국게이인권운동단체 친구사이.

〈뉴스앤조이〉 (2017. 2. 24). "'과학'이라는 이름으로 동성애 혐오하는 기독교." https://www.newsnjoy.or.kr/news/articleView.html?idxno=209139

〈뉴스앤조이〉 (2018. 11. 29). "보수 정권 9년이 반동성애 진영 인큐베이터." https://www.newsnjoy.or.kr/news/articleView.html?idxno=221225

〈뉴스앤조이〉 (2018. 10. 8). "'동성애＝에이즈'라는 혐오 기제의 진실." https://www.newsnjoy.or.kr/news/articleView.html?idxno=220249

〈단비뉴스〉 (2020. 8. 4). "언론은 '혐오 표현'의 확성기인가." http://www.danbinews.com/news/articleView.html?idxno=13414

〈대한민국 정책브리핑〉 (2021. 10. 8). "대한민국 달라진 국제 위상… 지표로 살펴보니." https://www.korea.kr/news/policyNewsView.do?newsId=148894061

SOGI법정책연구회 (2020). 〈한국 LGBTI 인권현황 2019〉. SOGI법정책연구회.

〈MBC 뉴스〉(2021. 3. 14). "[스트레이트] 성소수자 저주·혐오하는 보수 개신교."
    https://imnews.imbc.com/replay/straight/6118462_28993.html

〈연합뉴스〉(2020. 2. 2). ""성전환 남성 입학 반대" 숙명여대서 학내 반발 움직임." https://
    www.yna.co.kr/view/AKR20200201046200004

주승섭 (2019. 1. 24). "축제 참가자들의 증오범죄 피해와 공중보건적 함의 ― 제1회 인천
    퀴어문화축제 참가자 폭력 피해 조사를 바탕으로," 〈한국 사회 증오범죄 진
    단과 대안: 2018 인천퀴어문화축제 현장을 중심으로〉, 국회 토론회 자료집
    (pp.27~38). 인천퀴어문화축제 비상대책위원회, 민주사회를위한변호사모임
    인천퀴어문화축제 법률지원단.

코로나 19 성소수자 긴급 대책본부 (2020). 〈코로나 19 성소수자 긴급 대책본부 활동백
    서〉. 코로나 19 성소수자 긴급 대책본부.

〈프레시안〉(2020. 6. 17). "이태원에서 혹여 게이인 게 들킬까 봐 무섭다고 했어." https://
    www.pressian.com/pages/articles/2020061710442844467#0DKU

〈한겨레〉(2020. 8. 3). "광고 훼손에 "성소수자는 당신의 혐오를 이길 겁니다" 힘 보탠 시
    민들." https://www.hani.co.kr/arti/society/society_general/956231.html#csidx38
    74addac0c3f51befb54099f2a18ba

〈한겨레〉(2018. 9. 11). ""집단적 린치" "일방적 테러" 인천퀴어축제에서 무슨 일이?"
    https://www.hani.co.kr/arti/PRINT/861537.html

〈한겨레〉(2020. 2. 7). "숙대 트랜스젠더 합격생 결국 입학 포기 "신상유출 등 무서움 컸
    다"." https://www.hani.co.kr/arti/society/society_general/927386.html

〈한겨레〉(2020. 8. 8). "성소수자 광고 훼손의 전말… 우리는 하루 몇번씩 '그 안부'를 묻
    는다." https://www.hani.co.kr/arti/society/society_general/956959.html

〈한겨레〉(2020.9. 21). "차별금지법 상정… 장혜영 "코로나 시대 마스크 같은 법안"."
    https://www.hani.co.kr/arti/politics/assembly/963068.html

〈한겨레〉(2021. 10. 7). ""군인으로 죽고 싶다"던 변희수 하사, 전역처분 '취소' 판결."
    https://www.hani.co.kr/arti/area/chungcheong/1014241.html

홍성수·강민형·김승섭·박한희·이승현·이혜민·이호림·전수윤·김란영·문유진·엄
    윤정·주승섭 (2020). 〈트랜스젠더 혐오 차별 실태 조사〉. 국가인권위원회.

Badgett, M. L., Nezhad, S., Waaldijk, K., & van der Meulen Rodgers, Y. (2014). "The relationship between LGBT inclusion and economic development: An analysis of emerging economies." Los Angeles, CA: The Williams Institute.

Badgett, M. L., Waaldijk, K., & van der Meulen Rodgers, Y. (2019). "The relationship between LGBT inclusion and economic development: Macro-level evidence," *World Development*, 120, pp.1~14.

Eom, Y., Lee, H., Kim, R., Choo, S., Yi, H., & Kim, S. S. (2022). "Discrimination Keeps Transgender People Awake at Night: A Nationwide Cross-Sectional Survey of 583 Transgender Adults in South Korea," *Sleep Health*.

Flores, A. R. (2019). *Social Acceptance of LGBT People in 174 Countries: 1981 to 2017*. Los Angeles, CA: The Williams Institute.

Hughto, J. M. W., Reisner, S. L., & Pachankis, J. E. (2015). "Transgender stigma and health: A critical review of stigma determinants, mechanisms, and interventions," *Social Science & Medicine*, 147, pp.222~231.

Lee, H., Operario, D., Restar, J. A., Choo, S., Kim, R., Eom, Y. J., Yi, H., & Kim, S. S. (2022). "Gender identity change efforts are associated with depression, post-traumatic stress disorder, and suicide attempts in South Korean transgender adults," *Transgender Health*. doi: 10.1089/trgh.2021.0171.

Lee, H., Operario, D., Yi, H., Choo, S., & Kim, S. S. (2019). "Internalized Homophobia, Depressive Symptoms, and Suicidal Ideation Among Lesbian, Gay, and Bisexual Adults in South Korea: An Age-Stratified Analysis," *LGBT Health*, 6(8), pp.393~399.

Lee, H., Park, J., Choi, B., Yi, H., & Kim, S. S. (2021a). "Association between Discrimination and Depressive Symptoms Among 2,162 Lesbian, Gay, and Bisexual Adults in South Korea: Does Community Connectedness Modify the Association?," *Journal of Homosexuality*, 68(1), pp.70~87.

Lee, H., Streed Jr, C. G., Yi, H., Choo, S., & Kim, S. S. (2021b). "Sexual Orientation Change Efforts, Depressive Symptoms, and Suicidality Among Lesbian, Gay, and Bisexual Adults: A Cross-Sectional Study in South Korea," *LGBT Health*. doi:

10.1089/lgbt.2020.0501.

Lee, H., Tomita, K., Habarth, J., Operario, D., Yi, H., Choo, S., & Kim, S. S. (2020). "Internalized transphobia and mental health among transgender adults: A nationwide cross-sectional survey in South Korea," *International Journal of Transgender Health*, 21(2), pp.182~193.

Park, J., Lee, H., Choi, B., Kim, J., Yoon, J., Yi, H., Choo, S., & Kim, S. S. (2022). "Adolescent bullying victimization at secondary school and adulthood suicidality and depressive symptoms among 2,163 lesbian, gay, and bisexual adults in Korea," *Asia Pacific Journal of Public Health*. doi: 10.1177/10105395211073283.

5장

국가인권위원회 (2019). 《혐오차별 경험조사 보고서》. 국가인권위원회.

권김현영 (2000). "군가산점 소동과 싸이버테러," 〈여성과 사회〉, 11호, pp.133~145.

김민정 (2021). ""성평등의식이 차이를 만듭니다": 온라인상의 성차별 혐오 표현 사례별 시민인식조사," 〈미디어, 젠더 & 문화〉, 36권, 1호, pp.59~95.

김수아 (2015). "온라인상의 여성 혐오 표현," 〈페미니즘 연구〉, 15권, 2호, pp.279~317.

김수아 · 김세은 (2016). "'좋아요'가 만드는 '싫어요'의 세계," 〈미디어, 젠더 & 문화〉, 31권, 2호, pp.5~44.

김수아 · 이예슬 (2017). "온라인 커뮤니티와 남성 – 약자 서사 구축," 〈한국여성학〉, 33권, 3호, pp.67~107.

김수아 · 최서영 (2007). "남성 정체성(들)의 재생산과 사이버 공간," 〈미디어, 젠더 & 문화〉, 8호, pp.5~40.

김주희 (2016). "오늘 왜 페미니즘은 '혐오'와 접속했는가," 《말과활》 2016년 가을 혁신호 발간기념 토론회 후기, 〈말과활〉, 12호, pp.105~113.

김학준 (2022). 《보통 일베들의 시대》. 오월의봄.

나영 (2018). "지금 한국에서, TERF와 보수 개신교계의 혐오선동은 어떻게 조우하고 있나," 〈문화과학〉, 93호, pp.50~72.

백영경 (2013). "성적 시민권의 부재와 사회적 고통," 〈아시아여성연구〉, 52권, 2호,

pp.43~71.

서울YWCA (2019). 〈2019년 7월 온라인 커뮤니티 모니터링 보고서〉. 서울YWCA.

유민석 (2015). "혐오발언에 기생하기: 메갈리아의 반란적인 발화," 〈여/성이론〉, 33호, pp.126~152.

윤보라 (2013). "일베와 여성 혐오," 〈진보평론〉, 57호, pp.33~56.

윤보라 (2015). "김치녀와 벌거벗은 임금님들," 윤보라·임옥희·정희진·시우·루인·나라. 《여성 혐오가 어쨌다구?》. 현실문화, pp.9~46.

이설희·김수아·홍남희 (2020). "온라인 성차별적 혐오 표현의 특징과 내용 규제 쟁점," 〈미디어, 젠더 & 문화〉, 35권, 3호, pp.61~103.

이승현 (2016). "여성 혐오적 표현과 표현의 자유의 한계," 〈이화젠더법학〉, 8권, 2호, pp.1~34.

이준웅·박장희 (2018). "모든 더러운 말들: 증오발언 규제론 및 규제반대론 검토," 〈서울대학교 법학〉, 59권, 3호, pp.1~43.

정희진 (2015). "'남성 혐오'는 가능한가," 〈인물과사상〉, 210호, pp.110~124.

조동기 (2016). "사이버공간의 문화적 특성과 '인터넷 밈'의 확산에 대한 연구," 〈철학사상문화〉, 21호, pp.215~234.

〈한국일보〉 (2020. 4. 30). "여성은 벗겨야 팔린다 — 게임계 나쁜 법칙 언제까지." https://m.hankookilbo.com/News/Read/202004281997737354

홍성수 (2015). "혐오 표현의 규제: 표현의 자유와 소수자 보호를 위한 규제 대안의 모색," 〈법과사회〉, 50호, pp.287~336.

Barker, K. & Jurasz, O. (2018). *Online Misogyny as a Hate Crime: A Challenge for Legal Regulation?*. London: Routledge.

Collins, R. L. (2011). "Content Analysis of Gender Roles in Media: Where We are Now and Where Should We Go?," *Sex Roles*, 64, pp.290~298.

Council of Europe (2013). "Combating sexist hate speech. Gender Equality Strategy." URL: https://rm.coe.int/1680651592

Council of Europe (2016). "Background Note on Sexist Hate Speech." URL: https://rm.coe.int/CoERMPublicCommonSearchServices/ DisplayDCTMContent?documentI d=090000168059ad42

Council of Europe (2019). "Preventing and Combating Sexism," *Recommendation CM/Rec*(2019). URL: https://rm.coe.int/prems-055519-gbr-2573-cmrec-2019-1- web-a5/168093e08c

Hollway, W. (1989). *Subjectivity and method in psychology: Gender, meaning and science*. London: Sage.

Jane, E. A. (2014). ""Back to the kitchen, cunt": Speaking the unspeakable about online misogyny," *Continuum*, 28(4), pp.558~570.

Keipi, T., Näsi, M., Oksanen, A., & Räsänen, P. (2017). *Online hate and harmful content: Cross national perspectives*. London: Routledge.

Manne, K. (2020). *Entitled: How male privilege hurts women*. Crown.

Mathew, B., Tharad, H., Rajgaria, S., Singhania, P., Maity, S. K., Goyal, P., & Mukherje, A. (2018). "Thou shalt not hate: Countering online hate speech," arXiv preprint arXiv:1808.04409.

Nussbaum, M (2011). Objectification and Internet Misogyny. In S. Levmore & M. Nussbaum (Eds). *The offensive internet: speech, privacy, and reputation*. Cambridge, MA: Harvard Univ. Press. [김상현 옮김. "대상화와 인터넷 상의 여성 혐오," 《불편한 인터넷: 표현의 자유인가? 프라이버시 침해인가?》(pp.117~146). 에이콘. 2012].

Thompson, Laura (2018). " 'I can be your Tinder nightmare': Harasment and misogyny in the online sexual marketplace," *Feminism & Psychology*, 28(1), pp.69~89.

6장

국가인권위원회 (2019). 〈혐오 표현 리포트〉.

김지혜 (2015). "차별선동의 규제: 혐오 표현에 관한 국제법적·비교법적 검토를 중심으로," 〈법조〉, 64(9), pp.36~77.

마사 누스바움 (2020). 《타인에 대한 연민》. 임현경 옮김. 알에이치코리아.

이주영 (2015). "혐오 표현에 대한 국제인권법적 고찰: 증오선동을 중심으로," 〈국제법학

회논총〉, 60(3), pp.195~227.

장의선 (2016). "국내외 주요 제도권 문서에 나타난 '문화다양성' 개념의 해석적 고찰: 유네스코의 주요 문서와 국내의 관련 법률을 중심으로," 〈글로벌교육연구〉, 8(4), pp.99~127.

최인철 외 (2021). 《헤이트: 왜 혐오의 역사는 반복될까》. 마로니에북스.

한건수 (2015). "한국 사회와 문화다양성: 유네스코 문화다양성 협약의 의미와 과제," 〈국제이해교육연구〉, 10(2), pp.163~199.

한국문화관광연구원 (2018). 〈제2차 유네스코 문화다양성 협약 이행 국가보고서 작성연구〉. 문화체육관광부.

홍성수 (2015). "혐오 표현의 규제: 표현의 자유와 소수자 보호를 위한 규제대안의 모색," 〈법과 사회〉, 50, pp.387~336.

홍성수 (2018a). 《말이 칼이 될 때: 혐오 표현은 무엇이고 왜 문제인가》. 어크로스.

홍성수 (2018b). "포괄적 차별금지법의 필요성: 평등기본법을 위하여," 〈이화젠더법학〉, 10(3), pp.1~38.

홍성수 (2019a). "혐오에 어떻게 대응할 것인가?: 혐오에 관한 법과 정책," 〈법학연구〉, 30(2), pp.191~228.

홍성수 (2019b). "혐오 표현의 해악과 개입의 정당성: 금지와 방치를 넘어서," 〈법철학연구〉, 22(3), pp.27~64.

홍성수 (2021). "차별이란 무엇인가: 차별금지법상 차별 금지 사유의 의의," 〈법과사회〉, 66, pp.25~70.

홍성수 외 (2016). "혐오 표현 실태조사 및 규제방안 연구," 〈2016년 국가인권위원회 인권상황 실태조사〉.

Artilce19 (2015). Hate Speech Explained: A Toolkit.

UNESCO (2015). Countering Hate Speech.

UN (2019). United Nations Strategy and Plan of Action on Hate Speech.